REGALOS DEL
cielo

Regalos del cielo
© Del texto: Áurea Calvo Marín
© De la corrección: Áurea Calvo Marín
© De esta edición: NPQ Editores
www.npqeditores.com
edicion@npqeditores.com

Primera edición: septiembre, 2025
Impreso en España

PEFC

Los papeles que usamos son ecológicos, libres de cloro y proceden de bosques gestionados de manera eficiente.

ISBN: 979-13-87868-08-6
Depósito legal: V-3393-2025

REGALOS DEL

ÁUREA CALVO MARÍN

Este es mi segundo libro de poesías, al igual que el primero, "Sentimientos" se lo dedico, otra vez, a nuestro Señor Jesucristo, pues todo lo que en él expreso viene dado por la fe que tengo depositada en el Espíritu Santo y en Él.

Todo lo que en este libro se encuentra son momentos intensamente vividos, todo es autentico, no hay ficción.

Mi único deseo es transmitir vivencias humanas con sencillez, alegres unas, tristes otras, pero siempre con la mirada puesta en nuestro Dios y Señor.

PRÓLOGO

Querido lector, querida lectora, tienes entre tus manos un regalo. Su apariencia es la del papel, letras y un montón de palabras agrupadas con arte literario, pero no deberías dejarte engañar por su sencillez. Este segundo libro de poesías es el gesto noble de una mujer que te aborda con la marca de los valientes: la de la generosidad desmedida. La generosidad siempre es una decisión atrevida porque expone a la persona y la hace más vulnerable, pero nuestra autora la derrocha al compartir contigo sus pensamientos y sentimientos más íntimos, conocedora de que sólo lo auténtico tiene valor, y este es el sello que no puede faltar en el idioma de las almas.

Cuando te sumerjas en la lectura de este libro vas a encontrarte contigo. Porque aunque a menudo cada uno de nosotros nos creemos diferentes, nuestros miedos, inquietudes y gozos nos hermanan sin remedio y nos despojan de más misterio del que nos gustaría reconocer. Somos todos muy parecidos y durante la lectura de las poesías de Auri no podrás esquivar esta evidencia; tus experiencias se expandirán más allá de lo que has vivido o sentido, pero sobre todo, te va a sorprender por la familiaridad y similitud con tu propia vida, sintiéndote comprendido y reconfortado.

La naturaleza, la amistad y la familia son los temas recurrentes que impregnan la poesía de Auri, las grandes joyas de su existencia. Y una realidad las atraviesa como si fueran trasparentes en una apuesta decidida: la realidad de Dios. La creencia radical en un Ser superior convierte este libro en un testimonio de fe cristiana con el que te identificarás si eres creyente, o en caso contrario, te invitará a no descartar lo impensable al seducirte con la alegría y consuelo que nacen de la esperanza que la autora deposita en su Dios.

Si entornas los ojos mientras lees este libro, verás aflorar la fina sensibilidad que la autora posee y te conecta con la belleza de cuanto nos rodea. Quizá te cueste entender por qué los años no han pasado por ella y cuál es el elixir que le ha dejado anclada en una eterna juventud; por qué la capacidad de sentir y sorprenderse alcanza en la autora cotas más propias de la niñez que de la etapa adulta. No puedo prometerte que con las últimas poesías logres disipar este desconcierto, pero sí que tu intento fallido va a resultarte mucho más delicioso que frustrante. Te invito a disfrutar de la lectura de este libro y a dejarte contagiar por la excepcional esencia de su autora: madre, esposa, abuela, amiga... la Auri que todos conocemos.

Arancha Regadera

Padre, Trabajador, Honrado y Valiente

Qué suerte he tenido
en tenerte como padre,
siempre te has desvivido
para poder educarme.

La educación que me has dado
basada en buenos valores,
hacen al ser humano
auténtico y verdadero hombre.

De pequeña me contabas
tus historias adolescentes,
sobre todo, las que viviste
por desgracia allá en el frente.

Eras todavía un niño
no sabías defenderte,
pero te llaman a filas
y no podías ser diferente.

Tres años de campaña fueron,
viviendo malas experiencias,
cuando termina todo
comienza la miseria.

Fueron años muy malos
de enfermedad y trabajo,
con cinco hijos a cuestas,
el pueblo había que dejarlo.

Tú ya llevabas tiempo
alejado de nosotros,
buscando otros horizontes
para poder alimentarnos.

Hasta que un día de agosto
cansado de estar muy solo,
viniste al pueblo a buscarnos
sorprendiéndonos a todos.

No podíamos creerlo
que tan rápido fuese todo,
madre se puso a llorar
nosotros temerosos.

Había que dejarlo todo
si queríamos juntarnos,
era la única forma
de poder liberarnos.

De la pobreza ingrata
que estábamos pasando,
un precio había que pagar:
la libertad de mi pueblo amado.

Vida nueva comenzamos
no sin grandes sinsabores,
siempre hay conciencias malas
que hacen daño, de los mayores.

Van pasando ya los años
mucho hemos cambiado,
en lo más hondo del alma
seguimos encontrándonos.

Los valores que me diste
durante mi adolescencia,
me han servido, padre,
para vivir con independencia.

He sabido siempre estar
unida a mis hermanos,

todos juntos en torno a ti,
hasta que Dios te ha llevado.

Ese día ya llegó
de todos te despediste,
cómo no podías hablar
papel y pluma pediste.

Con tu mano temblorosa
unas líneas escribiste,
fue el último consejo
que a tus hijos nos diste.

¡Luchad por la Paz! Decías,
¡No por la guerra!,
es lo que querías, padre,
al final de tu carrera.

Por eso luchaste siempre
es a lo que tú te aferras,
eso es lo que más deseas
para todos en esta tierra.

Las cosas pasan por algo
aunque tú no las veas
pero siempre hay circunstancias
que vuelves hasta ellas.

Empiezas a meditar
y encuentras su grandeza,
te das cuenta que tú misma
debes luchar por ellas.

Unos años han pasado
desde que esto sucedió,
ahora vivimos de nuevo
parecida situación.

Son tiempos muy revueltos
de ideas y desunión,
de guerras y pobreza,
de virus y destrucción.

Por eso hay que luchar
pedir que haya paz,
el hombre no aprende nunca
por el mundo a caminar.

Se cree que lo sabe todo
que todo da igual,
todo eso es lo que hace
llegar a la mezquindad.

Olvidándose de lo bueno
cómo es la felicidad,
que sólo se consigue
con trabajo, paz y libertad.

¡Gracias, padre, por todo!
he sido privilegiada,
por teneros como padres
a usted y a mi madre amada.

Pues todo lo que soy
a vosotros os lo debo,
por el cariño que me disteis
en mi corazón os llevo.

Con orgullo y mucho amor
por todos vuestros desvelos,
desde el día que nací,
hasta que os fuisteis al cielo.

Recuerdos de mi madre

Cinco de febrero de 2023
cumpleaños de mi madre,
le quiero yo ofrecer,
un cariñoso recuerdo
a su presencia y su ser.

Aunque no está con nosotros,
hace años que se fue,
el Señor se la llevó
junto a su amado y a Él.

Mi madre como muchas madres
toda su vida nos dio,
a los cinco hijos que tuvo
nos entregó todo su amor.

Era muy trabajadora
dedicada a su familia,
a pesar de estar enferma
por todos se desvivía.

Era demasiada carga
la que ella siempre tenía,
para sacar adelante
a toda su cuadrilla.

De pequeña yo me acuerdo
de verla trabajando,
cavando con la azada,
lechugas, fríjoles y nabos,

Que con tanto trabajo
de la tierra sacaba,
para darnos de comer
de lo que ella sembraba.

Cuando llegaba a casa
cansada de trabajar el huerto,
nos hacía la comida
para tenernos contentos.

Cuantas veces llegábamos
y la encontrábamos llorando,
yo me ponía muy triste,
no entendía que estaba pasando.

Otras veces al llegar
la encontrábamos cantando,
entonces me alegraba
ver en ella ese cambio.

La vida en el pueblo era así
se trabajaba en el campo,
con lo que conseguías obtener
con eso nos alimentábamos.

Fueron años muy duros
toda nuestra niñez,
a pesar de las duras pruebas
yo vivía con placer.

Pues tenía una familia
unida por el amor,
aunque éramos muy pobres,
les teníamos a los dos.

Mi padre trabajaba fuera
mi madre era el timón,
quien llevaba la familia
con cariño y dedicación.

Siempre estuvo junto a nosotros
siempre entregándonos su amor,

por eso le doy las gracias
por todo lo que nos dio.

Nos dejó buenos ejemplos
de entrega y devoción,
a pesar del sufrimiento
siempre ella nos cuidó.

Hasta el último momento
que el Señor se la llevó,
rodeada de sus hijos
a los que tanto amó.

Gracias madre querida
por darnos todo tu amor,
nos dejaste un gran ejemplo
de entrega y devoción.

Dedicada a mi madre, Águeda.

Compartir

Si el corazón es sincero
está lleno de alegría,
eso siempre se nota
cuando estás en compañía.

Qué momentos más bonitos
he pasado en este día
compartiendo sentimientos
con muy buenas amigas.

Hoy todas hemos estado
contentas, dicharacheras,
contándonos todo aquello
que muchas veces pesa.

Como todas hemos pasado
por prados con espinas
comprendíamos muy bien
aquello que se decía.

Con risas y lamentos
íbamos compartiendo,
aquellas cosas que a veces,
aunque pequeñas,
van reconcomiendo.

Y que si no eres capaz
de sacarlo en algún momento
cuando te quieres dar cuenta
se ha hecho gran agujero.

Pero con estos ratitos,
que a veces disponemos
son como soplo de aire
que nos mandan desde del cielo.

Inyectándonos oxígeno
a nuestros sentimientos
para sacarlos afuera
y descansar por dentro.

Eso hoy me ha pasado
al tener este encuentro
con estas buenas amigas
que Dios en mi camino ha puesto.

Por eso le doy las gracias
con alegría y contento
porque ellas son para mí
cómo ángeles del cielo.

~

Nostalgia de ti

Muchos años hace ya
que no estás a mi lado,
he tenido que aprender
a estar sin ti, mi amado.

A veces estoy contenta,
otras estoy muy seria
los años van pasando
sin darse uno cuenta.

Los momentos que tengo
que siento gran tristeza,
yo me pongo a pensar
dónde buscar la respuesta.

El porqué me pasa esto
sin motivo, en apariencia,
pero sé y me doy cuenta
¡necesito tu presencia!

Sé que es cosa de Dios
lo que ocurre en esta tierra,
por eso hay que aceptar
lo que vivimos en ella.

Aunque sean dolorosas
como vivir con tu ausencia
a veces te necesito
quisiera tenerte cerca.

Ahora me siento sola
y tengo momentos bajos,
pero acudo a nuestro Dios
porque Él sabe arreglarlo.

Y cuando siento en mí
su misericordiosa mano
le doy infinitas gracias
porque me ha consolado.

Fíjate y verás

En la terraza de casa
hacía yo gimnasia
con música alegre
que llenaba el alma.

De pronto un pajarillo
se posaba con sus alas,
poniéndose a cantar
con trinos que emocionaban.

Al rato viene otro
se posa cerca contento,
con alegres gorgojeos
forman los dos un dueto.

Con la música cantaban
yo entusiasmada,
escuchando sus trinos alegres,
proseguía la gimnasia.

Así estuvieron un rato
muy contenta yo gozaba,
de la música y sus cantos
y de lo que rodeaba.

Al rato me tumbo al suelo
siguiendo con mi gimnasia
boca arriba miro el cielo
me fijo, ¡cómo estaba!

En el trozo que veía
nubes que van y vienen
como bolas de algodón
blancas como la nieve.

Entre ellas se veía el cielo
de color azul intenso,
de repente como rayos
llegan pájaros contentos.

Son golondrinas alegres,
se quedan allí bailando
en silencio hacían sus giros
elegantes y muy rápidos.

Cambia de pronto la música
suave melodía,
de repente todas a una
cantan con gran algarabía.

Yo alucinada estaba
viendo aquella maravilla
pensando que era Dios
que aquel regalo me hacía.

Pues todo era precioso
todo estaba en sintonía,
el cielo, las nubes, la brisa,
los pájaros, la música
y la paz que yo tenía.

Pensé que tenía que hacer
una prosa o poesía
y aquí me encuentro señores
escribiendo lo que sentía.

Pues no hay cosas más bellas
ni con tanta armonía
que aquello que Dios nos muestra
a nuestros ojos cada día.

16

Ansias de vivir

Con el paso de los años
si te paras un poco,
te das cuenta enseguida
que el tiempo ha pasado pronto.

Va dejando los despojos
de aquello que ya no sirve,
aparcado en el camino
porque todo ya lo diste.

Así pasa con nosotros
perdiendo facultades,
con el paso de los años
y con todos los achaques.

Pensamos que se acerca
el final del camino,
por eso en estos tiempos
necesitamos asirnos

al tiempo que nos quede
para poder valernos,
disfrutar de la vida
lo mejor que sabemos.

De la paz y la armonía
que es la base de la vida,
tan amenazada ahora
en todos nuestros días.

En estos momentos que vivo
eso es lo que ansío,
la paz para todo el mundo
y vivir con regocijo.

Esa alegría que está
en las cosas más sencillas,
como en la brisa del mar
y la arena amarilla.

En el tibio sol de otoño
en la verde primavera,
donde todo ya renace
con vigor y savia nueva.

Eso es lo que quiero
hasta el día que me muera,
a pesar de los achaques
tener siempre esta presencia.

En la mente y el corazón
aunque el cuerpo se muera,
sabiendo y dando gracias
al Dios que lo recrea.

El Mar de la Vida

El hogar es como un barco
que hay que saber llevar
con el timón siempre al frente
para poder navegar.

Los marineros que lleva dentro
que reman con gran tesón
son los que hacen que el barco
se mueva a su son.

El capitán altanero,
con orgullo y decisión,
es quien dispone las órdenes
para navegar sin temor.

Mas sabe que no está solo
pues lleva un gran grumete,
el que comparte con él
y le acompaña siempre.

Cuando vienen las tormentas
y hay que tomar decisiones
siempre se sientan juntos
para hallar soluciones.

Serán buenas o malas
pero se sienten contentos
pues van juntos de la mano
hasta llegar a buen puerto.

Y se miran a los ojos
al ver que todo ha pasado
y sonriendo se dicen
¡por fin hemos llegado!

FELIZ ANIVERSARIO
"25 Años" de Encuentros
Matrimoniales

Veinticinco años hace
que ya nos conocemos
y juntos hemos vivido
grandes acontecimientos.

Pronto la vida ofrece
la alegría de otro encuentro
como racimos de uvas
todos juntos estaremos.

Así alegrándonos todos,
apoyándonos de nuevo
con mucha alegría,
compartiendo esos momentos.

Nuestros amigos celebran
renovación del Sacramento,
el que hace cincuenta años
el sí que ante Dios se dieron.

Como todo matrimonio
luchas también tuvieron,
sabiéndolas vencer
con el paso del tiempo.

Para eso nos ha ayudado
el vivir aquel encuentro
hace veinticinco años
muy alegres y contentos.

En todos estos años,
nos hemos ido abriendo

como flor de nenúfar
a nuestros sentimientos.

Consiguiendo con ello
estrechar nuestros lazos
con palabras sencillas
para así llegar a amarnos.

Eso es lo que sentimos
cuando nos encontramos,
compartimos entre todos
como buenos hermanos.

Por eso damos gracias
a nuestro Dios soberano
por darnos alegría y
comprensión
para vivir lo humano.

Y saber discernir
lo bueno de lo malo
para ayudarnos todos
con Él a nuestro lado.

Gracias de nuevo, Señor

Una vez más yo quiero
darte gracias, mi Señor,
por todo lo que en estos días
ha sentido mi corazón.

Han sido días felices
de alegría y mucha unión
con todos mis hijos y nietos
en mi casa con ilusión.

Dos mil diecisiete años
desde que viniste, Señor
para compartir con todos
tu amor y nuestra salvación.

Esa es la alegría
con la que tenemos que estar,
el resto de nuestros días
para poder disfrutar.

De todo lo que hacemos
a nosotros y a los demás
teniéndote siempre en cuenta
en nuestro diario caminar.

Con alegría y gozo
sabiendo que tú estás
en los malos y buenos momentos
animándonos con tu dulce mirar.

Diciéndonos con cariño
"Ánimo que ya llegarás,
cógete de mi mano
para no caerte más".

Y con esa confianza
que nuestro Señor nos da,
caminemos todos juntos
con alegría y paz.

La paz que solamente
nuestro Dios puede dar
si a Él nos acercamos todos
con fe y humildad.

Como la que Él trajo,
al nacer en un portal
rodeado de pobreza
rico en amor, alegría y paz.

Alegre Navidad

Con alegría y contento
nos reúne Dios de nuevo
para celebrar la Navidad
desde aquel primer encuentro.

Han pasado muchos años
muchas cosas se han vivido,
lo bueno y lo malo
lo hemos compartido.

En mi corazón os llevo
con muchísimo cariño
por eso una vez más,
gracias queridos amigos.

Por seguir a mi lado
y compartir conmigo
vuestras penas y alegrías
y aquello que es más íntimo.

Yo también he tratado
daros lo que llevo dentro
también algunas veces,
aquello que no es tan grato.

Todo forma un ramillete
que lo vamos conformando.
para crear la amistad
que nos hace capaz de amarnos.

En esta nueva Navidad
que Dios nos vuelve a regalar
vivámosla de verdad
con fe, amor y mucha paz.

21

Optimista quiero ser

No quiero ser negativa
con las cosas de la vida,
porque siendo optimista,
siempre hay una salida.

En estos días que vivimos,
de tanta incertidumbre,
se vislumbra pequeña luz
en un lejano horizonte.

La esperanza que pusimos
en la investigación del hombre,
parece que ha dado fruto,
para sanar a los pobres.

Se quiere dar en el clavo
para arrasar esta peste,
que tanto daño está haciendo
y que cuesta desprenderse.

Estamos viviendo con miedo
de contagiar a las gentes
solamente por eso
ya somos diferentes.

Tienes miedo de arrimarte
de respirar frente a frente,
aunque tengas mascarilla,
dicen que no es lo prudente.

Este distanciamiento
está afectando por dentro,
despertando en lo más hondo
muchos otros sentimientos.

El deseo de abrazar
fundirte en un gran beso,
llenarte de alegría
que llegue hasta los huesos.

Eso es lo que más se nota
lo que más se echa de menos,
por eso queremos todos,
vacunarnos, ponernos buenos.

Para poder sonreír,
alegrar nuestro cuerpo,
con esas pequeñas cosas
que tanto echamos de menos.

De todo lo más importante,
es reencontrarnos de nuevo,
expresar con nuestras risas,
que realmente nos queremos.

Confío y le pido a Dios,
que todo se acabe pronto,
para vivir confiados
y disfrutar con el otro.

Todas las pequeñas cosas,
grandes nos parecen ahora
lo que antes no tenía
importancia,
ahora son maravillosas.

No hay mal que por bien
no venga, seamos agradecidos,
disfrutemos lo que tenemos
con todos los sentidos.

Demos gracias a Dios
por todo lo vivido,
por lo bueno y lo malo
todo tiene un sentido.

Aunque no lo comprendamos,
a Él nos dirigimos,
para pedirle su ayuda
y compañía en el camino.

❧

"Tiempos del Covid-19"

Salida deseada

He salido de paseo
con ganas esta mañana,
necesitaba tomar el aire
un poco lejos de casa.

Después de hacer las cosas
he llegado hasta Alboraya,
siguiendo el Carraixet
llegando hasta la playa.

En el camino he parado
para el horizonte mirar,
fijándome en todo aquello
que se movía sin par.

Los patos estaban todos
tumbados y nadando,
se les veía felices
juntos y hermanados.

También vi en el camino
una hilera de hormigas,
marchando a la par
buscando su comida.

Todas afanadas iban
unas cargadas, otras vacías,
pero todas trabajaban
metiendo en su guarida.

Lo que habían encontrado
que sirviese de comida,
para cuando llegue el frío
ellas estar calentitas.

Sigo camino adelante
hasta la playa por fin,
enseguida me descalzo
al agua entro feliz.

Sentíame muy tranquila
sin prisas y sin más,
dispongo el alma abierta
para disfrutar y gozar.

El agua estaba tibia
el mar de color de plata,
el cielo se refleja en él
con el sol y nubes blancas.

Camino por la orilla
disfruto de arena y agua,
mirando a los viandantes
cómo también disfrutaban.

De la hermosa mañana
que Dios nos regalaba,
para que uno pueda hacer
lo que le venga en gana.

Inicio ya el regreso
para llegar a mi casa,
ando por algunas calles
un poquito despistada.

Sin sentirme perdida
encontré la salida,
de la calle que lleva
a la gran avenida.

Contenta pero cansada
llegué pronto a mi hogar
con el alma toda llena
de gozo y felicidad.

De poder haber salido
a pasear una vez más,
y poderlo haber vivido
en paz y libertad.

Compartir

A ti mi hija querida
quiero decir con amor
que me siento muy orgullosa
porque tienes gran corazón.

De pequeña se veía
el sentir que tú tenías
pues ayudabas a todos
aquellos que a ti acudían.

Esos sentimientos buenos
los tienes todavía
pues lo sigues demostrando
actuando cada día.

Con la alegría que tienes
y tu buen temperamento
a todos haces que llegue
ese noble sentimiento.

Sentirse a gusto a tu lado,
en todo acontecimiento
porque siempre estás dispuesta
a acoger al que viene de lejos.

Con tu risa alegre
que te sale del cuerpo
alegrando a todos
poniéndose contentos.

Yo te pido hija mía
que aunque a veces no te entiendan
no dejes nunca de ser
como el Señor te lleva.

A veces en el camino
tropezamos con espinas,
pero somos compensados
por quien no tiene medida.

Pues solo Él sabe
cómo somos por dentro
y es a Él a quién tenemos
que tener siempre contento.

Por eso, hija querida,
en estas líneas te ofrezco
lo profundo del corazón
que son mis sentimientos.

Y estos me dicen que en ti
hay muchos y muy buenos
y que siempre estás dispuesta
para entregarlos de nuevo.

Corazón agradecido

¡Cómo no voy a estar a tu lado
Señor, con todo lo que me haces!
cada día me sorprendes
con algo diferente.

Hoy era un día cualquiera
como tantos otros días,
con mis tareas diarias
más o menos divertidas.

Pero hoy yo sin saberlo
me tenías una guardada,
ni en lo más remoto pensé
que, a mí, honor se me daba.

Una reunión se decía
en una buena casa,
algunas de mis amigas
y el padre que la llevaba.

Yo estaba un tanto tranquila
pero también extrañada
al ver que de repente
por sorpresa me invitaban.

Como soy muy obediente
y me gusta compartir
aquello que me regalas,
enseguida dije sí.

Pensé que el buen padre
algo tendría que decir,
yo pensé en las poesías,
las últimas que escribí.

para llevarlas conmigo
y así poder compartir
con todas mis amigas
los sentimientos que hay en mí.

Después de estar un ratito
relajadas con un café,
saca el padre los papeles
y comienza a leer.

A las primeras palabras
mi corazón se pone a cien,
el cuerpo me tiembla todo
pues no lo puedo creer.

A medida que avanzaba
la lectura sin parar,
mi corazón se llenaba
de mil sentimientos más.

Veía que mis amigas
me quieren de verdad
y querían demostrármelo
junto al Padre sin más.

Leyendo las poesías
que Tú me hiciste escribir,
haciendo sacar de dentro
lo más íntimo de mí.

Infinitas gracias os doy
por este gran regalo
que, aunque no lo merezca,
me es de mucho agrado.

Pues lo único que quiero
es poder ayudar
con mis cosas sencillas
que en mi alma están.

¡Y a Ti Señor! ¡qué decirte!
¡si Tú eres quien me lo ha dado!
no me lo voy a quedar
para mí sola, guardado.

Pues siento la obligación
de hacerles este regalo,
el mismo que me haces Tú
para poder expresarlo.

Mañana Gloriosa

Esta mañana de Gloria
ha amanecido radiante,
alegre me he levantado
para ir a agasajarte.

Cuando he llegado a la plaza
había muy poca gente,
poco a poco fue llegando
contenta y sonriente.

Con algunas me saludé
con otras me quedé distante,
por no tener con ellas
"feeling" con su carácter.

Comenzó la procesión
con la Virgen Dolorosa,
fuimos cantando todas
sus dolores temerosas.

Pero al llegar frente a Cristo
ahí cambió ya la cosa,
la Virgen cambió su cara
poniéndose muy orgullosa.

Haciéndole reverencia
con alegría inusitada,
mirándola a ella contenta
a todos se nos alegra el alma.

Los ojos se llenan de lágrimas
un nudo se hace en la garganta,
todos llenos de emoción
aplauden con grandes ganas.

Pues Cristo ha Resucitado
y con su Divina Gracia,
a todos nos quiere guardar
junto a su Madre Soberana.

La que estuvo junto a Él
desde la cuna hasta el madero,
la que lloró y rió
hasta llegar a este encuentro.

Encuentro de alegría y gracia
encuentro de entendimiento,
para todo aquel que sabe
ver donde otros no vieron.

Molesto despertar

Hoy me he despertado
con mucho dolor de cabeza,
a las seis de la mañana
tomé algo para ella.

Luego he vuelto a la cama,
pero he estado despierta
pensando por qué será
que me duele la cabeza.

Empiezo a pensar qué haré
pues el día está radiante.
No tengo mucho que hacer,
a lo mejor voy a la calle.

En eso estoy ahora
sin saber qué decidir
por lo pronto lo que hago
es ponerme a escribir.

Estos poquitos versos
florecidos hoy en mí,
aquí los estoy poniendo
para poderlos decir.

Con palabras muy sencillas
pues son las que hay en mí.
No poseo otra forma
de saberlas escribir.

Mi vocabulario es sencillo
y mi vida también,
pero estoy muy orgullosa
de poderla vivir así.

Dura decisión

Hay decisiones que duelen
al tenerlas que tomar,
cuando no hay más remedio
las tienes que aceptar.

En estos momentos me encuentro,
viviendo esta situación
de dejar lo que más quiero
por estrés y depresión.

No por la presión impuesta
por nuestro amado Señor,
sí por la de los hombres
que mata el corazón.

Vueltas y vueltas se dan
por ver si hay otros caminos
para salir de este bache
y seguir con tu destino.

Ves que si sigues por él
los tropiezos serán duros,
y hay que estar preparados
para aceptar el futuro.

También piensas que tal vez
lo dejas por cobardía,
arrastrada por la rabia
tozudez y melancolía.

Son muchos los sentimientos
que se apoderan del alma,
y no sabes qué hacer
para encontrar la calma.

En estos momentos me hallo
con todo este dilema,
pido al Señor que me ayude
para aceptar lo que venga.

Hoy tomo la decisión
y no me siento contenta,
pues me parece que falto
a alguna de mis promesas.

La de servir siempre a Dios
en aquello que haga falta,
pero me gusta hacerlo
con alegría y muchas ganas.

Sólo haciéndolo así
es cuando estoy contenta,
y puedo dar al de al lado
del Evangelio respuesta.

En manos de Dios me pongo
que es Él quién me lleva,
y me dirige siempre
de su mano hacia la meta.

Cariño por mi pueblo

En la alta Extremadura
entre montañas y prados
existe un pueblecito
que se llama Cadalso.

Es un regalo muy grande
poder visitarlo,
en él siempre se encuentra
alegría y gozo al contemplarlo.

En la lejana distancia
cuando yo pienso en él
me vienen muchos recuerdos
desde mi corta niñez.

Veo cómo ha pasado el tiempo
y se acerca la vejez,
siento el mismo deseo
de regresar una y otra vez.

Pues es tanto el cariño
que yo siento por él
que aún en la distancia
embriaga con su esencia mi piel.

Por eso al tenerlo siempre
muy dentro de mi ser
recuerdo uno a uno
a los que vivieron en él.

Ahora es muy distinto
cada vez que lo vuelvo a ver
pues echo mucho de menos
a los que pasaron por él.

Disfrutaron de sus campos:
en primavera ¡florido!,
verano caluroso,
otoño amarillo,
los inviernos muy fríos
que hielan los sentidos.

Esos recuerdos que tengo
de mi pueblo querido
son los que me hacen vibrar
y remueven los sentidos.

Pienso que serán pocos
los años que podré verlo
porque las fuerzas fallan
pero no los deseos.

Por eso Cadalso querido
yo te visitaré,
el tiempo que me quede
de fuerzas y lucidez.

Pues te llevo en mi cuerpo
como una segunda piel
que no me puedo arrancar
y fija la tengo en él.

Los aromas de tus campos,
el murmullo de tus aguas,
tus flores y manantiales
y los pájaros que cantan.

Eso es lo que me llena
y me embriaga tanto,
y el cariño de tus gentes
que me dan al encontrarnos.

Sus sonrisas y alegrías,
sus quejas, y sus llantos,

su buena amistad, aunque
no nos veamos tanto.

Todo eso es lo que traigo
cuando vuelvo de Cadalso
y eso es lo que hace
que yo te quiera tanto.

Regalo a mi amado

Hoy dieciséis de abril
le he hecho un regalo a mi amor,
he acompañado a la virgen,
al encuentro de la resurrección.

De ese Hijo querido
que en el madero murió,
y por la gracia divina
el Padre Resucitó.

Como Él mismo nos dijo
antes de su Pasión,
que en la tierra se quedaba
por nuestra Salvación.

Por eso este día he querido
hacerte el regalo, mi amor,
aprovechando que era
tu onomástica y su Resurrección.

Han coincidido este año
la misma celebración,
por el amor que te tengo
te he ofrecido a Dios.

Le he pedido que te tenga
allí donde Él nos prometió,
junto a nuestros padres queridos
y junto a nuestro Amo y Señor.

Con la alegría que siento,
de saber que estarás muy bien,
le pido que nos guarde un sitio
para cuando nos llame con Él.

Entonces nos encontraremos
nos volveremos a ver,
y juntos disfrutaremos
regocijándonos en Él.

~

Siempre hay Esperanza

Quisiera ser como el jilguero
que vuela alegremente,
sin penas y con su canto
alegrando a las gentes.

Pero tengo una mochila
que poco a poco se va llenando,
con las cosas de la vida
que cada día van pasando.

Las noticias que nos llegan
casi siempre son amargas,
por mucho empeño que pongas,
al final te hacen llagas.

Todos los días aparecen
tragedias inhumanas,
te preguntas ¿cómo es posible
que el hombre sea capaz de
realizarlas?

El corazón se resiste
y quiere rechazarlas,
la realidad es evidente
y te llegan hasta el alma.

Donde sientes el dolor
por los que están sufriendo,
queriendo así apaciguar
lo que ellos están viviendo.

Gracias a Dios también hay
momentos de mucha alegría,
al ver que también hay gente,
que tienen el alma limpia.

Que saben llevar al otro
alegría y esperanza,
desprendiéndose de lo suyo
entregándose en cuerpo y alma.

Gracias a estas personas
el mundo sigue en marcha,
porque si no fuese así
todo sería desgracia.

A pesar de todos los males
que en este mundo tenemos,
también hay cosas muy buenas
como son los sentimientos.

Esos sentimientos limpios,
que el hombre lleva dentro,
y los utiliza siempre
para cuidar al enfermo.

El enfermo de cuerpo y alma
que pierde la esperanza,
pero al ver una mano amiga
todo en su vida cambia.

Por eso yo reflexiono
y a mi alma llega la calma,
al pensar que Dios está en medio,
de toda esta batalla.

Y que Él nos dará la fuerza
para poder superarla,
y al final cantar a su lado
Victoria, Glorias y alabanzas.

Desdichado día

A las seis de la mañana
hoy me he levantado,
no puedo estar en cama
por culpa del catarro.

Con el pecho atascado
la cabeza dolorida,
empezaba a darle vueltas
a ideas que venían.

De pronto me he levantado
a escribir en el papel,
aquello que sentía
sobre el niño Manuel.

Un mal día lo cogieron
con ira y con desprecio,
arrancándole la vida
por envidias y celos.

Después de buscarlo mucho
por los alrededores,
al cabo de varios días
lo encuentran los buscadores.

Han sido días de angustias
de esperanzas y dolor,
consiguiendo en toda España
aflore lo bueno del interior.

Pues la inmensa mayoría
de toda la población,
padres sencillos y buenos
que han despertado emoción.

Se ha sentido unida
a los padres con su dolor
con su buen comportamiento
en toda esta cuestión.

Ha terminado ya todo
deteniendo a la culpable,
ahora empieza lo malo
para estos queridos padres.

Tienen que seguir viviendo
sin su pequeño ángel,
sin duda él desde el cielo
a sus padres cuidará como a él antes.

Pues hay lazos que duran
más allá de la muerte,
en este caso se ha visto
en vez de romper, une a gente.

Todos sentimos lo mismo
en cuanto a humano se refiere,
si hablamos de amor a Dios
eso es lo que engrandece.

El que nos hace vibrar
con todo el que sufre,
y reímos también,
cuando somos felices.

Buscando el manantial

Esta mañana temprano
con alegría me he levantado,
íbamos a ir de excursión
por la montaña trepando.

Hacía un día radiante
la ilusión iba en aumento,
pues pronto me encontraría
con el brezo y el romero.

Tuvimos que ir en coche
hasta el pueblo de Buñol,
allí era donde empezaba
mi deseada excursión.

Con mi hija yo iba
con mis nietos en unión,
aparcamos en un parque
donde empezó la emoción.

Pues había un manantial
que salía de una roca,
con su agua cristalina
muy fresca en la sombra.

Allí comenzamos a andar
con paso poco ligero,
porque alguna del grupo
cansancio tenía en su cuerpo.

Poco a poco andando
entre huertos y algarrobos,
el canto de los pájaros
alegraban el sendero.

Yo me iba fijando
por todo el trayecto,
en lo que sobresale,
y empieza de nuevo.

Las flores estaban ya
algunas en su apogeo,
alegrando los corazones
de los que estaban dispuestos.

A contemplar y disfrutar
de todo lo que estaban viendo,
con poco que mirases
te sentías en el cielo.

Llegamos hasta una cueva
¡oh! sorpresa de nuevo,
estaba muy habitada
eso era lo de menos.

Había una cascada
bastante alta, por cierto,
que vertía sus aguas claras
en un grandioso hueco.

Todo era muy bonito
y gustaba disfrutarla,
por supuesto hicimos fotos
para traérnoslas a casa.

Una vez contemplado el sitio
reanudamos la marcha,
seguimos subiendo el monte
por encima de la cascada.

Cada vez era más fuerte
la subida a la montaña,

el calor del mediodía
a todos nos afectaba.

Hay que seguir adelante
a buscar otra cascada,
pues la ruta que seguíamos
era la ruta del agua.

Entre brezos y romero
algarrobos y aliagas,
seguimos adelante
un poquito, ya cansadas.

Llegamos a otras pozas
no pudimos alcanzarlas,
por el miedo que sentimos
por lo profundas que estaba.

Mi nieto sí bajó
nosotras retrocedimos,
hasta llegar a un lugar
donde tranquilos comimos.

El entorno que teníamos
transmitía mucha paz,
el horizonte estaba cerca
y podíamos disfrutar.

Del murmullo de las aguas
los colores de las flores,
de los trinos de los pájaros
y de nuestros amores.

Pues estábamos muy a gusto
compartiendo esa experiencia,
viviendo con alegría
la belleza de esta tierra.

Seguimos adelante
cuesta arriba se decía,
bastante arriba era
el corazón se resentía.

Tenía que pararme
parecía que se salía,
una vez recuperada
despacito yo subía.

Por fin lo conseguimos
llegar a otra cueva,
si la una era bonita,
ésta era aún más bella.

Con sus charcas de aguas claras
grandes rocas dentro de ella,
para que no faltase nada
ha nacido una higuera.

Estuvimos disfrutando
de toda esa belleza,
teníamos que seguir camino
hasta llegar a la meta.

Era el nacimiento del río
al que queríamos llegar,
subiendo la orilla del cauce
conseguimos encontrar.

Siguiendo las marcas íbamos
y no íbamos tan mal,
de pronto dice mi hija
¡esto me huele mal!

Nos hemos pasado de largo
donde teníamos que girar,

volvimos de nuevo atrás
para poder retomar.

Al punto donde teníamos
para poder regresar,
una cuestecita había
que a gatas había que trepar.

Ahí mi corazón se puso
a doscientos sin parar,
tuve que pararme un rato
para volver a empezar.

Terminar de subir la cuesta
y así poder llegar,
al tramo que esperaba
para poder descansar.

Los ánimos estaban ya
bastante más tranquilos,
veíamos el horizonte
controlado y decidido.

Veníamos muy contentos
por todo lo vivido,
llegamos hasta un cruce
para coger el camino.

Que nos traería de nuevo
hasta el parque del inicio,
cuando de pronto sucede
un percance "fatídico".

Entonces un samaritano
nos echa una mano,
se ofrece a traernos
sin que se lo pidamos.

Por las nuevas circunstancias
nosotros aceptamos,
sin prisa venía el hombre
no podíamos quejarnos.

Pues él iba de paseo
y no pensaba cambiarlo,
la marcha que llevaba
con su bonito carro.

Entre bromas y risas
al parque llegamos,
donde le dimos las gracias
al buen samaritano.

Cogimos de nuevo el coche
de regreso a nuestra casa,
llegamos muy contentos
por el regalo y la gracia.

Que el Señor nos ha hecho vivir
disfrutando la montaña,
de sus bonitos paisajes
y del río con sus aguas claras.

Paseando por las huertas

Bonita es la flor del naranjo
cuando está con su esplendor,
meciendo con el aire
su aroma embriagador.

Hoy he venido a las huertas
para poderlos contemplar,
y llenarme los sentidos
con el aroma de su azahar.

Con el agua de la acequia
que corre alegre cantando,
y el trino de los pájaros
que cantan y vuelan bajo.

Siento una paz en el alma
que me llenan los tejidos,
a la orilla del camino
sentada me he detenido.

Para poder gozar
con todos los sentidos,
igual que hace la abeja
posándose en los pistilos.

Impregnando sus patitas
con dulce néctar silvestre,
yo también hago lo mismo
para saciar mi deleite.

El deseo contenido
con la flor del naranjo
mirándola, blanca y pulcra
y el aroma perfumado.

Ya se ha callado la acequia
los pájaros casi no se oyen,
yo sigo contemplando
en rededor el ambiente.

Es un ambiente tranquilo
pero ya se ve la gente,
yo sigo aquí sentada
disfrutando del relente.

Pues da pena marcharse
y dejar esta belleza,
que te llena el corazón
de su aroma y su esencia.

Pura necesidad

Era pura necesidad
la que tenía de salir,
al principio no sabía
lo que hacer ni adonde ir.

De pronto me he encaminado
a la casa de mis hijas,
para ver si estaba en orden
o lo contrario, vacía.

Al ver que todo estaba
colocado y perfecta,
me he ido a caminar
de paseo por las tierras.

Como siempre suelo hacer
he cogido el rosario,
se lo he ofrecido al Señor
por la paz y los que no le amaron.

Por los que ya no están
porque fueron a su lado,
y por tantas otras cosas
que necesitan de su amparo.

Andando, andando y rezando,
al cementerio he llegado,
en el camino encontré una amiga
nos saludamos con agrado.

Ella también venía
de visitar a su amado
pues el Señor lo llevó con Él
no hace mucho, este mismo año.

De allí pasé por las huertas
mirando a todos lados,
para ver si encontraba
aquello que andaba buscando.

Me fijo en las verdes hierbas
y en las flores del campo,
enseguida empiezo a sentir
que se me alegra el ánimo.

Procuro caminar tranquila,
pues no tengo prisa ninguna,
y así poder disfrutar
del paisaje y la terruca.

Aunque no hay mucho que ver,
por estar muy habitado,
el cemento lo come todo
y poca tierra va quedando.

Pero la poca que queda,
hay que disfrutarla
con la vista y los sentidos
y con todas las ganas.

Ya vengo de vuelta a casa
tranquila y calmada,
de pronto viene a mi mente,
estas tranquilas palabras.

No hay obra más buena
que la que Dios nos regala,
si la sabemos buscar
aunque sea cerca de casa.

41

Maravilloso Regalo

Este mes de mayo ha sido
para mí un gran regalo,
una vez más he disfrutado
de mí querido Cadalso.

Ha sido un gozo muy grande
andar por sus caminos,
recorrer todos sus montes
con riachuelos muy floridos.

Todo ha sido una explosión
de risas y canciones,
el corazón se sentía
lleno de emociones.

He vivido intensamente
lo que el Señor me ofrecía,
las maravillas del campo
y las gratas compañías.

He tenido la gran suerte
de estar mi hermana conmigo,
compartiendo junto a ella
esos momentos tan lindos.

Hemos disfrutado mucho
junto a las aguas del río,
mirando sus aguas claras
que fluían con gran ruido.

El ruido era melodía
muy grata a los oídos,
junto los trinos de pájaros
en la orilla colorido.

Lleno de flores estaba
todo su recorrido,
el cielo color celeste
que hinchaban los sentidos.

Hemos tenido de todo
lluvia, calor y frío,
todo en su conjunto
ha estado muy bonito.

Pues ha sido una explosión
de vida y de rocío,
junto los cantos de pájaros
y la amistad de los amigos.

Ha sido maravilloso
el trato que hemos tenido,
con todos los habitantes
que están en mi pueblo querido.

Hemos formado una piña
de amistad y sentimientos,
que nos hacían sentir,
muy unidos y contentos.

Con todas estas emociones
y gran alegría por dentro,
llegó el día de la marcha
y dejar a nuestro pueblo.

Llevándome conmigo
todo lo que he vivido,
ha sido mucho y muy bueno
todo lo que me he traído.

Como la mente es precaria
y las cosas también se olvidan,
he sido muy previsora
lo he grabado en la memoria.

No sólo en la mía
sino grabado en la otra,
donde puedo verlo todo
cada vez que se me antoja.

Doy muchas gracias a Dios
por este gran regalo,
que una vez más me ha hecho
y he podido disfrutarlo.

Felices paseos

Los paseos hontorianos
son como un elixir,
que cura a los humanos
con gozo y sentir.

Todos son diferentes
si con ojos vas contemplando,
todo lo que te rodea
y si sabes bien mirarlo.

A veces es una piedra
o ves correr a los gamos,
las codornices que vuelan,
o simplemente los campos.

Todo lo que ves al horizonte
todo tiene su encanto,
sus pequeños montículos
y sus campos dorados.

Cerca del atardecer
que es cuando yo salgo,
se me hinchan los pulmones
con el aire fresco y llano.

Cuando subo las laderas
y llego a lo más alto,
me pongo a contemplar,
con gozo lo creado.

Miro al horizonte
lo más lejos que alcanzo
y miro lo de cerca,
todo es espectáculo.

A veces son las nubes
que en lo alto están jugando,
como si fuesen algodones
que te están provocando.

Otras veces es la lluvia
con el sol calentando,
y en medio de las nubes
el arco iris cantando.

Luciendo sus colores
como si estuviera invitando,
a darle gracias a Dios
por lo que nos está regalando.

Por las tardes ya muy tarde
viene la puesta de sol,
algunas son preciosas
y causan sensación.

Al contemplar todo esto
y ver tanta belleza,
te das cuenta lo grande
que es Dios, y su grandeza.

Pues todo nos lo da gratis
para ser felices en la tierra,
y no hace falta inventar nada
para sentir dicha en ella.

Encuentros alegres

Han pasado muchos años
juntos de nuevo aquí estamos,
contentos y felices
a celebrar el aniversario.

Cincuenta años hace
que vuestras vidas se encontraron,
uniéndose para siempre
venciendo los obstáculos.

Andando por caminos
que la vida os ha trazado,
unidos y con amor
hasta aquí habéis llegado.

Recuerdo la primera vez,
el vínculo fue consagrado,
con alegría y gozo
también lo celebramos.

Fueron pasando los años
llegaron los nuevos tallos,
del árbol que formasteis
y que Dios había regado.

Fueron años felices
con altos y algún que otro bajo,
pero siempre con amor
supisteis superarlo.

Luego hubo otra ocasión
con madurez en los años,
celebramos de nuevo
el veinticinco aniversario.

Recuerdo mucho aquel día
lo bien que lo pasamos,
con todos nuestros hijos,
marido, padres y amigos,
todos a vuestro lado.

Hoy de nuevo nos reunimos
con alegría y agrado,
para celebrar con vosotros
vuestros cincuenta aniversarios.

Lo mismo que las otras veces
aquí estamos celebrando,
es una gracia de Dios
que juntos hayáis llegado.

Hoy estoy muy contenta
y quiero demostrarlo,
dándoos las gracias
por todo lo que me habéis dado.

Lo primero vuestro cariño
sé que lo tengo asegurado,
porque mi corazón siempre está
a vuestro lado sentado.

Aunque el azar nos separó
un día en el pasado,
eso no ha servido
para desprenderme y olvidaros.

Todo lo contrario ha sido,
el lazo más se ha apretado,
y os llevo en mi corazón
con fuego de amor forjado.

Quiero daros las gracias
por estar siempre a mi lado,
y querer bien a mis hijos
con cariño y por amarlos.

El que tengáis las puertas
de vuestro hogar siempre abiertas,
para que entremos nosotros
como si fuese la nuestra.

Quiero tener presente
a todos los seres queridos,
que por una u otra causa
a todos se nos han ido.

Sé que están todos aquí
compartiendo con nosotros,
la alegría que sentimos
del cincuenta aniversario.

Gracias hermanos queridos
por ser y como habéis sido,
tan generosos siempre
con quién a vosotros ha acudido.

Pues siempre tendéis las manos
al que a vuestra puerta llama,
acogiéndole con cariño
alegría y con gracia.

Por eso a Dios le pido
que siga a vuestro lado,
llenándoos el corazón
de gracia, de amor y desenfado.

**"Bodas de Oro de mi hermana
Victoria y cuñado José Luís"**

Canto a Hontoria

Hontoria tiene tres cosas
que despiertan sentimientos:
el agua de su fuente,
la amplitud del horizonte
y la iglesia del pueblo.

En esa fuente tú tienes,
Hontoria, un gran tesoro,
que no se puede comparar
con la plata ni el oro.

Pues todo el que bebe de ella
y prueba su frescura
le sale una gran sonrisa
dejando el alma pura.

Pues Dios es quién ha hecho
que nazca este manantial
cerca de esta iglesia
para poder degustar.

De su agua limpia y pura
y así poder alimentar
nuestros cuerpos mortales
cada día un poco más.

De la iglesia ¡qué diría!
una pequeña catedral
en lo más alto del pueblo
presidiendo con majestad.

A ella acudimos todos,
aquellos que quieren estar,

allí nos alimentamos
con la Palabra y con el Pan.

En el Sagrario encontramos
al Amor de los Amores
esperando a sus hijos
que le cuenten sus dolores.

Y también le demos gracias
por todo lo que concede
aún sin merecerlo,
por el amor que nos tiene.

El ambiente de sus campos,
amplios y sosegados
te invitan a que los pises
con pasos firmes disfrutando.

La brisa de su aire
cuando no hay cierzo atizando,
es un gozo disfrutar
de sus montes y sus campos.

¡Y al atardecer, amigos!
cuando el sol ya va bajando
es un auténtico lujo
contemplar el espectáculo.

Todos los días tenemos
un precioso escenario
el más majestuoso
que nunca fue soñado.

Sólo la mano de Dios
nos concede este regalo
que todo al que quiera ver
les invito a mirarlo.

Es una gracia del cielo
el tener estos regalos,
y el poderlos disfrutar
todos los días del año.

¡Queridos amigos de Hontoria!
aquí os dejo mi canto,
me siento muy contenta
con lo que hoy estoy contando.

Eso es lo que siento
y en mi alma voy llevando
a Hontoria y a sus gentes
por donde quiera que ando.

Me siento una más
de este pueblo al que amo,
desde aquella primera vez
que mi marido me trajo.

A mi nieto Daniel

El día que tú naciste
nació la primavera,
con la sonrisa alegre
y olor a hierba buena.

Pequeño era tu cuerpo
cargado de alma buena,
para entregársela a Dios
aquí en esta tierra.

Tú corazón tierno aún
es como una esponja,
que al llenarse por dentro
se hincha sin zozobra.

Se llena de compasión
fijándote en las personas,
que viven junto a ti
y necesitan ayuda.

Con tu alegre sonrisa
y tu cuerpo juguetón,
eres como un perfume
que llega al corazón.

¡Cuídalo siempre cariño!
con delicadeza y amor,
compártelo siempre
y sobre todo con Dios.

Él es el que está siempre
caminando a nuestro lado,
para cuando tropecemos
a Él poder agarrarnos.

Y así a Él cogidos
poder seguir caminando,
con alegría y gozo
venciendo los obstáculos.

Hoy es la primera vez
que recibes al Señor,
recíbelo con alegría
pues tú eres su mansión.

Tenla siempre preparada
limpia y bien dispuesta,
para que esté siempre Él
sentado y a gusto en ella.

Y así juntos los dos
conversar sin reservas,
de todo lo que pasa
dentro de la conciencia.

Bueno, nieto querido,
aquí yo me despido,
con alegría interior
por todo lo que te digo.

Pues esto es lo que siento,
y esto es lo que quiero,
que lleves a Dios contigo,
por todos tus senderos.

Alegría de vivir

Un año más nos reunimos
para dar gracias a Dios,
con alegría y gozo
por darnos todo su amor.

Hoy nos reunimos contentas
con mucha satisfacción,
al compartir todas juntas
alegría y afición.

Todas tenemos presente
una meta que cumplir,
mantenernos en forma
para poder mejor vivir.

Con nuestras limitaciones
acudimos todas aquí,
para hacer estiramientos
que nos puedan servir.

Para mantenernos ágiles
el mayor tiempo posible,
así disfrutar de la vida
y de lo que ella nos brinde.

Cada año que va pasando
la juventud se va marchando,
poco a poco a la meta
con ilusión vamos llegando.

Con los momentos felices
que los días nos van regalando,
decimos que se hacen cortos
y queremos aún llenarlos.

De esperanzas e ilusiones
que nos llenan de vida por dentro,
como los momentos que tenemos
trabajando nuestros cuerpos.

Es una gracia de Dios
todavía poder hacerlo,
por eso aquí estamos
celebrándolo de nuevo.

Con alegría y gozo
para recibir el Año Nuevo,
con la presencia de Dios
guiándonos por dentro.

Pues Él es quién nos da,
todo lo que tenemos,
las ganas de vivir
y tener estos encuentros.

Disfrutando todas juntas
y gozando de nuevo,
nuestro cariño y amistad
es lo grande que tenemos.

Os deseo de corazón
buena Navidad y Año Nuevo,
y que el próximo, si Él lo quiere,
nos volvamos a ver de nuevo.

Para seguir disfrutando
de todo lo que poseemos,
y seguir compartiendo todas,
la ilusión y nuestro esfuerzo.

"Grupo de Gimnasia"

Feliz cumpleaños

Para mí es un orgullo
teneros aquí conmigo,
disfrutando todos juntos
de todo nuestro cariño.

He querido que este año
sea un poco más distinto,
para dejar buen recuerdo
de todo lo vivido.

Setenta años hoy cumplo,
largo el camino recorrido,
por eso quiero celebrarlo
rodeada de nietos e hijos.

En todos estos años
muchas cosas se han vivido,
unas buenas y alegres
otras que han roto los sentidos.

Todo es parte de la vida
y la vida hay que vivirla,
a veces te hace fuerte
otras veces desvalida.

Haciendo valoraciones
llego a la conclusión,
que ha valido la pena todo,
viviéndolo con amor.

Pues el amor es quien mueve
la conciencia por dentro,
y es el que muchas veces hace
sentirte muy contento.

Por eso queridos hijos
hoy me siento muy dichosa,
de teneros junto a mí
compartiendo nuestras cosas.

Por eso le doy las gracias
a nuestro Dios querido,
por hacerme el gran regalo
de darme nietos e hijos.

Que en este día tan especial
estáis aquí conmigo,
celebrando mi cumpleaños
en este pueblo tan lindo.

~

Pueblo de Vilafamés
(Castellón)

Entre dos aguas

Entre la alegría y el dolor
siempre te encuentro Señor,
si lo aceptamos todo
con paz y aceptación.

En estos momentos tengo
sentimientos contradictorios,
unos son de alegría
otros de dolor y gozo.

El ser humano tiene eso
capacidad para cogerlo,
otra cosa es lo que haga
en su alma con todo ello.

En poco tiempo he vivido
la muerte de un ser querido,
tan querido ha sido siempre
desde el momento que ha nacido.

Es mi buen hermano,
sin despedirse se ha ido,
ha sido un palo muy fuerte
Tú, Señor, así lo has querido.

Ha sido un golpe muy grande
a todos nos ha conmovido,
dejándonos desolados
por el hermano perdido.

Con el dolor en el alma
a otras tierras yo me he ido,
allí te he visto Señor
sonriendo conmigo.

Pues es tanta la belleza
que a mis ojos has permitido,
mirarla y admirarla
con todos mis sentidos.

Han sido días muy lindos
con todos los que he convivido,
por eso dándote gracias
a mi casa he venido.

Contenta y feliz,
con todo lo vivido,
deseando compartirlo
con familiares y amigos.

Todo no es alegría
tiene que haber espinas,
y nada más llegar
una muy grande me pincha.

La decisión de una hembra
persona muy querida,
dice que lo deja todo
para probar otra vida.

De nuevo me han roto por dentro
pero en ti Señor confío,
espero que nos ayudes
a superar este lío.

Pues yo no entiendo nada
no sé cuáles son los motivos,
te pido Señor que nos ayudes,
en este nuevo camino.

Paseo "Terapéutico"

Es una mañana apacible
voy al parque a pasear,
para poder tranquilizarme
de los nervios y ansiedad.

Salgo con pasos tranquilos
pues no quiero alterar,
aquello que estropea
y produce la ansiedad.

Tranquila llegué al parque
enseguida yo pensé,
voy a darme una vuelta
y mientras así rezaré.

Cogí rauda el rosario
que llevo sobre mi piel,
con alegría y esmero
con cariño comencé.

Una vez terminado el rezo
y paseando a la vez,
el canto de los pájaros
me arrullaba en su vaivén.

Saqué el libro que llevaba
me puse a leer también
para así pasar el tiempo
y aprender algo de él.

Tranquila y emocionada
sentada en el parque estoy,
rodeada de murmullos
y de mucha paz también.

Es terapia muy buena
el vivir en libertad,
el poder disfrutar del aire
del sol y claridad.

Te hace sentir la vida,
en toda su sencillez,
con los rayos del sol calientes
y el aire fresco también.

Poco a poco voy sintiendo
como me lleno por dentro,
de paz y tranquilidad
con todo lo que estoy viviendo.

Me marcho ya para casa
he disfrutado del parque,
dándole gracias a Dios
por este regalo tan grande.

Nacer de nuevo

Doy gracias al buen Dios
por el regalo que te ha dado,
que desees recibir
el Espíritu Santo.

Yo no te conocía
hasta este mismo momento,
pero siento dentro de mí
mucha alegría por dentro.

De saber que te has abierto
a recibir los sacramentos,
que con la gracia divina
te hace nacer de nuevo.

Querida linda Michel,
no sabes lo que me alegro,
que lleves el signo de Dios,
en tu alma y en tu cuerpo.

Vive tu vida diaria
sabiendo que no estás sola,
en los momentos malos y buenos
tienes un Dios que te adora.

Con esa misma adoración
que él te recibe ahora,
llévalo siempre contigo
en lo más hondo de tu alcoba.

Donde le adores siempre
con alegría desbordante,
para serle siempre fiel
y presentarlo constante.

A esas gentes que van,
desorientadas y solas,
creen no necesitar nada,
y todo les estorba.

Tu les puedes mostrar
con tu alegría ahora,
que Dios cuando está contigo
disipa todas las sombras.

Aunque sean muy oscuras
con la ayuda de Dios se aclaran,
dejando paz y armonía
dentro de tu alma.

Querida linda muchacha,
alabo tu valentía,
el decirle sí a Dios
para toda tu vida.

Pues tenlo siempre presente
y háblale con sonrisas,
y verás cómo tu alma
se llena de alegría.

Sorpresas de la vida

En la vida hay momentos
que te llenan y desbordan,
los sentimientos son tantos
que sientes que te ahogan.

En un mes he vivido
momentos buenos y malos,
la muerte de un ser amado
la de mi hermano querido.

Enseguida Dios me dio
elixir y apaciguarlo,
el dolor y vacío tan grande
que en mi alma ha dejado.

Me ha llevado de su mano,
de paseo por el campo,
un campo maravilloso y grande,
que sólo Él puede crearlo.

Noruega es el país
que he podido yo pisarlo,
disfrutar de sus paisajes
y de sus infinitos lagos.

Me he sentido tan libre en ellos,
tan feliz, con entusiasmo,
mirando al horizonte decía,
¡Señor! cuanto te amo.

No sólo nos haces probar,
el veneno muy amargo,
que enseguida nos das de beber
la miel dulce de tus manos.

El regreso fue bonito
precioso lo vivido,
con gran alegría llego,
a mi querido nido.

Pero esto no era todo
una sorpresa esperaba,
el anuncio de mi hijo,
que él se separaba.

Un dolor me traspasó
muy dentro de mi alma,
enseguida le pido a Dios
dame fuerzas para aceptarla.

No sé por qué caminos
se llega a esta situación,
que destroza la familia,
y rompe el corazón.

Haciéndome a la idea
de la nueva realidad,
emprendo nuevo viaje
para poder disfrutar.

Nuevos acontecimientos
que el Señor nos dará,
a mi querido nieto.
y a mí en especial.

Pues tengo ilusión
de ver al padre amigo,
vivir en su compañía
el amor a Jesucristo.

Es un gozo muy grande
verlo cómo se entrega,

a todos los necesitados
aquí en esta tierra.

Hemos vivido momentos
de mucha satisfacción,
visitando los lugares
donde él ya trabajó.

También nos ha mostrado
con muchísima atención,
parte de la historia
de esta querida nación.

Salzburgo, Baviera, Múnich
lo enseña con ilusión,
nosotros con alegría
lo vivimos con emoción.

También hemos vivido
momentos celestiales,
asistiendo a eucaristías
sintiéndote entre ángeles.

Ha sido una experiencia
vivir en su casa estos días,
junto a su hermana y amiga
caminando en compañía.

Juntos los dos forman
un dúo importante,
con su entrega total a Dios,
y a los pobres semejantes.

He venido para casa
contenta y muy feliz,
con todo lo vivido
con ellos por allí.

Ahora si Dios lo quiere
tenemos otra meta,
el vivir el día a día
con lo que se presenta.

Por eso estoy dispuesta
ayudar en lo que pueda,
con la gracia de Dios
y todas mis fuerzas.

Hermandad "Hontorianas"

Hontoria de la Cantera
es un pueblo acogedor,
acoge a los de fuera
y a los de alrededor.

Tiene una fuente fresquísima
que nace de un manantial,
con sus aguas cristalinas
para a todos alegrar.

También tiene sus canteras
con piedra excepcional,
para construir catedrales
y muchos monumentos más.

Tiene una iglesia preciosa
le decimos, pequeña catedral,
construida con piedra blanca
sacada de la profundidad.

Tiene también unos campos
donde se respira la paz,
cuando vamos de paseo
buscando tranquilidad.

A veces es tan bonito
todo aquello que ves,
quisieras retenerlo todo
muy dentro de tu ser.

Por las tardes ya de tarde
llega la puesta de sol,
allí en el horizonte
hay un regalo de Dios.

Son unas puestas tan lindas
que producen sensación,
de alegría y de ternura
y de gran admiración.

De sus gentes ¿qué diría?
que son amables también,
dedicadas a sus quehaceres
como todo hombre de bien.

Como el bien es lo que queremos
aquí venimos contentos,
para vivir todos juntos
este día y este encuentro.

Y poder compartir
el mismo sentimiento,
llevar el nombre de Hontoria
como bandera, donde estemos.

Sentirnos orgullosos
de nuestros queridos pueblos,
porque así lo vivimos
y esto es lo queremos.

Deseo de corazón
que todos los que aquí nos vemos
estemos pasando un día
bonito y muy contentos.

De eso es lo que trata
vivir estos momentos,
con alegría y gozo
con todos nuestros pueblos.

Que, con el nombre de Honoria,
se conozcan entre ellos
y con ellos sus gentes
que los hacen grandes y buenos.

～

Testimonio de Amor

Un ángel bueno tenéis
dentro de vuestra casa,
con su cuerpo menudo
y su sonrisa callada.

Hay loterías que salvan
otras muchas que matan,
vosotros tenéis la dicha
de tener la que salva.

A veces como ser humano
pesa mucho la carga,
otras veces la lleváis
con sonrisas y gracias.

Todo eso es la vida
y la lucha que llevamos,
hasta llegar a la meta
del día señalado.

Pero todo lo vivido
Dios lo tiene apuntado,
y un día os dirá
lo hiciste bien, hijo amado.

Pues todo el amor que le distes
a este ángel que te he dado,
es pase para entrar
al santuario sagrado.

Pues Cristo nos dice siempre
lo que le hagas al hermano,
a mí me lo estás haciendo
y por eso yo te amo.

El ejemplo que estáis dando
a muchos, nos hace mirarnos,
para vernos por dentro
y saber cómo actuamos.

En esta Navidad
que estamos celebrando,
os doy infinitas gracias
por lo que me estáis mostrando.

Y por hacerme pensar
cómo estoy actuando,
el testimonio que dais
eso es ser cristiano.

Por eso esta Navidad.
vivámosla como hermanos,
compartiendo con gozo
lo que Dios nos ha regalado.

Pues hay regalos baratos
otros demasiado caros,
el que nosotros tenemos
es el más valorado.

El amor que llevamos dentro
para dárselo al hermano,
y Dios nuestro Señor
nos pagará el trabajo.

Pues solamente Él
es bondadoso y justo amo,
que siempre quiere llevarnos
de su misericordiosa mano.

Para caminar por el mundo
salvando los obstáculos.
si nosotros libremente,
llevar nos dejamos.

Venciendo la "pereza" encuentras "alegrías"

Estaba yo animada
escribiendo mi diario,
me dolía tanto todo
que decidí dejarlo.

Pensé hacer la gimnasia
o salir a pasear al campo,
ninguna de las dos cosas
me apetecía trabajarlo.

Decidí vencer la pereza
elegí salir al campo,
acudí al frigorífico
para tomarme un helado.

Cual fue mi sorpresa
al abrir y mirarlos,
estaban descongelado
¡el *frigo*, mal cerrado!

Cogí uno derretido
estaba demasiado blando,
corriendo me lo comí
medio deshecho, por no tirarlo.

Por fin salí a la calle
qué sorpresa me he llevado,
miré enseguida al cielo
me paré a contemplarlo.

Estaba con nubes blancas
como algodones bailando,
bajo el cielo azul estaban
adornando todo el campo.

Saqué mi móvil pronto
quería inmortalizarlo,
el espectáculo tan bonito
que a mis ojos se estaba dando.

Sigo por el camino
mirando el horizonte,
de pronto veo volando
golondrinas en el monte.

Era todo tan bonito
con el silencio del campo,
empecé en mi cabeza
como poder conjugarlo.

Se veía tan perfecto,
un regalo más de Dios,
que a todos nos hacía
con su infinito amor.

Para que estemos seguros
que Él es el Creador,
de todo lo que vemos
a nuestro al rededor.

Casa vieja te llamamos

Casa vieja te llamamos
lo viejo tiene grados,
por todo lo vivido
y por tener muchos años.

Le tengo mucho cariño
por todo lo compartido,
desde los años setenta
hasta ahora en que vivimos.

Muchos veranos he venido
con marido, abuelos y niños,
aunque estabas desvalida
te cogimos cariño.

No teníamos otro sitio
donde ir de vacaciones,
tu estabas esperando
a acogernos de mil amores.

Nosotros agradecidos
te lavamos la cara,
poquito a poco a todos,
nos parecías tan guapa.

En tu portal empezó a andar
una de mis hijas,
otro podía respirar
en el trigo panza arriba.

A todos nos dabas vida
el tiempo que aquí estábamos,
cuando había que irse
con pena nos marchábamos.

Así, año tras año
hemos tenido contacto,
procurando sostenerte,
para que sigas cobijándonos.

A pesar de los años
te tengo cariño,
por eso me ocupo de ti
para seguir el camino.

Ahora también soy mayor
estoy con lo mismo,
aquí sigo viniendo
con los nietos e hijos.

Los abuelos ya no están
tampoco mi marido,
están en el corazón
y en los hechos que vivimos.

Me siento a gusto contigo
recordando viejos tiempos,
viviendo el presente
con nuevos sentimientos.

El pasado ya pasó
vivamos el presente,
disfrutemos las dos juntas
con alegría diferente.

Pues hay que mirar lo bueno
lo que en este tiempo tenemos,
y sigamos adelante
compartiendo de lo nuestro.

Tú con todos tus años
recibiéndonos de nuevo,
nosotros con cariño
restaurándote por dentro.

Para así poder seguir
compartiendo nuestro sueño,
el poder seguir viniendo,
a visitarte de nuevo.

Recuerdos del pasado y presente

Veintiún años yo tenía
cuando vine por vez primera,
a conocer este pueblo,
Hontoria de la Cantera.

Con mucha ilusión yo venía
de la mano de un buen chico,
que pocos días antes
se convirtió en mi marido.

Veníamos muy contentos
a conocer el pueblo,
saludar a sus gentes
especialmente a los nuestros.

Visitamos la familia,
primero a los abuelos,
después a los tíos
empezando por el pequeño.

Junto a él su mujer estaba
metida en faenas,
atendiendo a sus ganados
con ilusión y con fuerzas.

Dos días sólo pasamos
aquella vez primera,
después vinieron muchas
conociéndonos más de cerca.

Juntas estábamos siempre
por ser la que estaba cerca,
compartíamos algunas charlas
sentadas ante la puerta.

Como debía de ser ha sido
el cariño fue creciendo,
a través de estos años
es más fuerte que el viento.

Todavía está con nosotros
Dios así lo ha querido,
para que podamos verla
y disfrutar de su cariño.

Muchos años tiene ya
y con todos los sentidos,
se puede hablar con ella
de todo lo vivido.

Es una vida muy larga
la que lleva en su camino,
con alegrías y penas,
con sus hijos recorrido.

Ahora está de nuevo
pasando unos días aquí,
he tenido la gran suerte
de verla y ser feliz.

El cariño que siento hacia ella
es más grande que el día que la vi
Dios así lo ha querido,
y hemos llegado hasta aquí.

Que con tanta ilusión
vine por primera vez,
a conocer este pueblo
y a la familia también.

Espero y deseo poder
que nos volvamos a ver,
como todos estos años
desde el día aquel.

Gracias Señor por tus regalos

Gracias Señor yo te doy
por todos los regalos,
que cada día me das
en todo lo que hago.

Me das la ilusión de hacer
y atender a los que amo,
pues sólo deseo eso
cuidarles y ayudarlos.

Pues así me siento libre
contenta de agasajarlos,
siento dentro de mí
alegría por amarlos.

También Señor te doy gracias
por estar siempre a mi lado,
pues estando yo contigo
me siento a gusto y con agrado.

Es una inmensa alegría
la que siento a tu lado,
que quiero estar contigo
queriéndote y amando.

En estos dos días que llevo
en la iglesia meditando,
me sentía en el cielo
sintiendo que te amo.

Era una inmensa alegría
de la paz que yo sentía,
que pensaba para mí,
¡Señor! esto es lo que quería.

Estar un rato contigo,
acompañado con mí presencia,
hablar contigo un poco
de todas mis experiencias.

Pues sólo en ti encuentro
la paz dentro de mí,
esa paz que me hace siempre,
estar contenta y feliz.

Por eso te pido Dios mío.
que no te olvides de mí,
y me sigas aumentando
las ganas de venir.

Pedirte y darte gracias,
por las cosas que viví,
también por aquellas,
que cada día me haces sentir.

Lucha por Amor

San Miguel Arcángel
por ser nuestro patrón,
aquí venimos todos
con mucha devoción.

A pedirte que tú seas
nuestro buen entrenador,
enséñanos en esta vida
a luchar por el amor.

Tú desde el principio
defendiste a Dios,
luchando con mucha fuerza
contra su perseguidor.

Contra aquel que se creía
igual que nuestro Dios,
y en su soberbia infinita
contra Él se rebeló.

Nosotros también a veces
nos creemos superior,
sobretodo si humillamos
a los que están alrededor.

Con ese orgullo que sentimos
creyéndonos mejor,
sin darnos cuenta hacemos
lo mismo que el que cayó.

Por eso San Miguel pedimos
que nos guíes hacia Dios,
a través de nuestra vida
sirviendo siempre al Señor.

Pues sólo Él es Santo
sólo Él es Dios,
nosotros somos sus hijos
si le entregamos el corazón.

Pregón de fiestas de "Hontoria de la Cantera"

Querido pueblo de Hontoria
un año más aquí estamos,
a celebrar nuestras fiestas
en honor a nuestro Santo.

Tengamos siempre presente
a nuestros antepasados,
que año tras años estaban
también ellos celebrando.

Con alegría y gozo
sembraron nuestros campos,
recogiendo la cosecha
que con sus manos trabajaron.

Ahora hay que dejar
a las nuevas generaciones,
que sean ellas las que lleven
las riendas como blasones.

Pues ellas son las fuerzas
que seguirán luchando,
con esfuerzo y entusiasmo,
por nuestro pueblo hontoriano.

Que aprendan sus tradiciones
con espíritu sincero,
y las vivan todos juntos
con un amor verdadero.

Pues estando muy unidos
con buenos sentimientos,
se vive muy tranquilo
y te hace un hombre nuevo.

Por el bien de todos
y de nuestro pueblo,
hagamos realidad
juntos todo esto.

Vivamos nuestras fiestas
con amor sincero,
disfrutando con alegría
de nuestro querido pueblo.

¡Viva San Miguel!

Canción "Hontoria y sus mujeres"

Que lindo y bello es Hontoria
con sus bonitas canteras,
su linda fuente que nace
entre unas rocosas piedras.

También tenemos que decir
que sus mujeres son lindas,
como rojos capullos
en plena primavera.

Hay rubias deliciosas
y morenas muy saladas,
no debemos olvidar
que esas nos roban el alma.

Morenas y rubias claras
se guardan todas en casa,
para entregarse a sus maridos
con sus bellas alhajas.

Honrada y trabajadora
es la mujer hontoriana,
lo mismo trabaja en el campo
que hace lo de casa.

Aquí ya nos despedimos
con este bonito cante,
que sirve a las de ahora
y, sobre todo, a las de antes.

Amor de hermanos

Siento un vacío en el alma
muy difícil de llenar,
por el hermano perdido
hace unos meses ya.

Todos estábamos contentos
cada uno con sus quehaceres,
de pronto el destino quiere
que todo sea diferente.

No hay cosa peor que te digan
y te llamen muy urgente,
para decirte llorando:
nuestro hermano está ausente.

De repente te da el destino
un cambio de un sablazo,
la alegría que tenías
de pronto se vuelve llanto.

No podía reaccionar
las piernas están temblando,
llamo corriendo a los hijos
para darles el mazazo.

Estamos muy tristes,
seguimos llorando,
nos ponemos en marcha
a despedir al hermano.

Era un dolor tan grande
que en el pecho sentíamos,
que no dábamos crédito,
a lo que allí veíamos.

Nuestro hermano querido
parecía estar dormido,
y su semblante decía
estad todos tranquilos.

Me he marchado al Padre
cuando Él me ha llamado,
a juntarme con los nuestros,
que me estában esperando.

Mientras nosotros aquí
nuestro querido hermano,
te echamos mucho de menos
y te llevamos en brazos.

Pues el lazo que nos une
nunca se romperá,
estará siempre uniéndonos,
hasta la eternidad.

Pequeño ante Dios

Qué pequeño es el hombre
frente a Tú poderío,
Tú que creaste el mundo
y nos hiciste tus hijos.

A pesar del amor
que nos das gratuito,
el hombre no lo agradece,
desde el mismo principio.

Siempre se ha creído
con arte y poderío,
enfrentándose a Ti
siendo un mal hijo.

Cuando acosan las fuerzas
de tus manos poderosas,
es cuando el hombre se siente
pequeño y poca cosa.

Entonces se da cuenta
que no hay nada que hacer,
enfrentarse siempre a ti
con soberbia y poder.

Cuando vienen las tormentas,
el fuego y el viento,
con potencias destructoras,
pienso, desde muy adentro.

¿Para qué tantas disputas
entre unos y los otros,
ambicionando el poder
para mandar sobre otros?

El poder más poderoso
es el que Dios nos manda,
que nos amemos todos
de cuerpo y de alma.

Dejémonos de rencillas
eso es lo que enmaraña,
y te hace pudrir por dentro
estropeando las entrañas.

Al ver tu mano poderosa
en las fuerzas naturales,
no podemos pensar nadie
que somos inmortales.

Con el soplo de tu boca
lo mismo que nos creaste,
podemos ser fulminados
tan sólo en un instante.

Por eso Señor te pido
que no seamos arrogantes,
que seamos más humildes
para poder aceptarte.

Como amo y señor nuestro,
sobre todo, como Buen Padre,
que quieres tenernos a todos
junto a ti para disfrutarte.

Mañana alegre y calmada

Me encuentro aquí en el huerto
trabajando con la azada,
rodeada de pajarillos
echándose una cantada.

Se están comunicando
canturreando se hablan,
yo estoy escuchándolos
pero sigo con mi hazaña.

Estoy arrancando hierba
la tierra está mojada,
qué después de todo el verano
la tormenta dejó ablandada.

Ahora estoy sentada
para escribir lo que veo,
pues en medio de este huerto
se respira dulce calma.

El reloj de la iglesia
toca su campana,
las ruedas de los coches,
se oyen muy lejanas.

Lo que prima alrededor
es el canto de los pájaros,
y alguna mosca tozuda
que no para, molestando.

Pero todo en general
es un bellísimo canto,
entonado por el aire
por insectos y por pájaros.

Respirando el aire puro
suave con su murmullo,
con el sol entre las nubes
para mí es como un arrullo.

En este ambiente que estoy
a Dios le estoy rogando,
por todas las personas
que han sufrido algún estrago.

La naturaleza es fuerte
cuanto más se enfurece,
también es delicada,
cuando a ella le apetece.

Por eso hay que saber
disfrutar de los momentos,
porque en un instante surge
un cambio muy severo.

Vuelve a venir el pajarillo.
Presto está cantando,
alegrando la mañana,
yo sigo trabajando.

Hay mucho que hacer aún,
aunque no sirva para nada,
yo disfruto con ello
y me gusta trabajarla.

Sólo por verla después,
limpia y bien labrada,
que parezca por lo menos
que la tierra está habitada.

Bienvenidos a Hontoria

Bienvenidos a todos,
a Hontoria de la Cantera,
con alegría y gozo
os recibimos con el alma abierta.

Hontoria de la Cantera,
Hontoria de Cabezón de la Sal,
Hontoria de Segovia
y Hontoria del Pinar.

Hontoria de Cerrato.
Hontoria de Llanes
Hontoria de Valdearado
todos, pueblos hermanados.

Os recibimos a todos
con alegría y entusiasmo,
para celebrar de nuevo juntos
el séptimo aniversario.

Lo viviremos contentos
con gozo y desenfado,
poniendo cada uno lo bueno
lo mejor que dentro llevamos.

La alegría de vivir
compartir lo necesario,
sentir la libertad
la que todos anhelamos.

Queremos que os sintáis libres
felices y contentos,
compartiendo todos juntos
de nuevo este encuentro.

El año pasado viví
el de Cabezón, el primero,
me marché muy contenta
por lo bien que nos acogieron.

Este año esperamos
que entre todos volvamos,
a vivir con alegría
y con mucho entusiasmo.

Gracias a todos, amigos
por compartir este día,
esperamos que el año que viene
donde toque, estar ese día.

Esperamos la Navidad

Un año más amigas mías
llegamos a Navidad,
con alegría y gozo
las queremos festejar.

En lo que va de curso
vivimos sin dificultades,
algún que otro sobresalto,
hemos sentido en nuestras carnes.

No nos han impedido
venir a nuestro encuentro,
por eso le damos gracias,
a nuestro Dios y Padre nuestro.

Él nos da la medida
de aquello que merecemos,
pues solo Él lo sabe
tenemos que estar dispuestos.

Para acoger lo que venga
en todos los momentos,
con Dios a nuestro lado
es todo llevadero.

Por eso queridas mías
esta Navidad tengamos,
el corazón muy alegre.
para hacer el mejor regalo.

A nuestro amado Jesús
que viene a nuestro encuentro,
para que seamos felices
amándole de nuevo.

En la alegría y en las penas
allí le encontraremos,
para seguir amándonos
y le pidamos consejo.

Para seguir unidas
y disfrutar de lo nuestro,
que es nuestra amistad,
y el cariño que nos tenemos.

Tiempos de inquietud

Cuanto silencio hay
en las calles y en las plazas,
por culpa del coronavirus
todos estamos en casa.

Las escuelas están vacías
no se oye el ruido de los niños,
con sus mochilas al hombro
juntos con sus amigos.

Todo está cambiando
todos cerrados estamos,
haciendo cada uno
lo que está en nuestras manos.

Tratamos de estar juntos
aún en la distancia,
comunicándonos todos
por las redes y ventanas.

Para darnos aliento y ánimos,
con aplausos y gritos,
alguna que otra canción
para animar el espíritu.

A pesar de todo esto,
el Señor nos hace regalos,
nos regala la lluvia, el sol,
el aire, y el canto de los pájaros.

Para que estemos contentos
en estos momentos amargos,
y a pesar de nuestras penas,
todos juntos le digamos.

Con mucho agradecimiento,
¡Señor! Aquí estamos,
para recibir de Ti
aquello que merezcamos.

"En tiempos de la pandemia"

Mantengamos la esperanza

La primavera ha llegado
con frío de puro invierno,
con nieve en las montañas
y en las calles el silencio.

La flor del naranjo ha caído
el aroma de azahar se ha marchado,
por estar todos en casa
no lo hemos disfrutado.

Pero esto es lo que hay
en este tiempo que ha llegado,
tiempo de sufrimiento
para muchos de nuestros hermanos.

Permanezcamos todos juntos
en estos momentos amargos,
donde reina la tristeza
dentro del corazón humano.

Confiemos en nuestro Dios
Él está a nuestro lado,
eso es lo que prometió
antes de marcharse y dejarnos.

Mantengamos la esperanza
de que todo pasará,
y de nuevo la alegría
a nuestro corazón, llegará.

Y daremos de nuevo gracias
a nuestro Dios querido,
con el corazón alegre
también con regocijo.

Sabiendo que todo esto
cambiará nuestro destino,
siendo más comprensibles
con el hermano herido.

Recobremos la cordura

Santa María Madre de Dios
bajo todas las advocaciones,
te pido que llenes hoy
de esperanza y fe los corazones.

Ayúdanos madre mía,
en estos momentos malos,
unos más, otros menos,
pero todos los pasamos.

Te pido por los difuntos,
también por los sanitarios,
que están dando la vida,
por todos sus hermanos.

Por todos aquellos otros
que también están ayudando,
a salir de la pandemia,
que al mundo está azotando.

De todo esto esperamos
que salgan cosas buenas,
como acercarnos a ti,
con el alma pura y bella.

Ayúdanos madre mía
a que se haga realidad,
acércanos a tu Hijo
que mancillado siempre está.

Por los muchos pecados
que todos cometemos,
por la soberbia y avaricia,
el poder, y sometimiento.

Abre nuestros ojos Señor,
para que veamos de nuevo,
sepamos quitar de nosotros
aquello con que ofendemos.

Pues siempre estamos todos,
haciéndote sufrir con lo nuestro,
aunque a veces también Señor
apacigüemos tus sufrimientos.

Haznos Señor mejores
para salir reconfortados,
sabiendo que tú estás siempre
en todos nuestros hermanos.

Junto con tu madre María,
los dos cogidos de la mano,
velando siempre por todos,
para cuidarnos y guiarnos.

No es lo mismo

No es lo mismo en la distancia
que querer en cercanía,
el sentimiento es igual
la sensación ni parecida.

El ser humano necesita
el contacto cada día,
a través de los sentidos,
que son los que dan la vida.

Estos días que he estado
sin contacto con nadie cerca,
los días han pasado
sin alegría ni penas.

Ayer he comprobado
qué importante es la distancia,
pudiendo abrazar un poco
a aquellos a los que amas.

Es un sentimiento grande
que te llega muy adentro,
y te hace sonreír,
y dar gracias a todo el cielo.

El sentimiento es tan inmenso
y te pones tan contento.
que se marchan las penas,
te sientes vivo de nuevo.

Estas cosas he sentido
al verlos en mi casa, dentro,
y poder servir a todos
con alegría y cariño nuevo.

Te hacen sentir más viva
con ilusiones muy lleno,
y sentir que lo grande es
estar cerca de ellos.

Para compartir con todos
lo que estás viviendo,
y entregarles lo bueno
que tú llevas muy dentro.

Esta pandemia ha querido
que vivamos otros momentos,
de separación y distancia,
con todos los que queremos.

Esto es una enseñanza
para valorar aquello,
todo lo más sencillo
y sentirnos vivos por dentro.

Aprender de todo esto,
que lo bueno de la vida,
es agradecer a Dios,
lo que tenemos ¡qué maravilla!

Regalo sorpresa

En la vida hay regalos
que vienen a tu encuentro,
sin buscarlo ni pretenderlo
Dios te hace dueño de ellos.

Un día decidí dedicar
un fin de semana,
a curar la ansiedad
que hacía tiempo llevaba.

Me ofrecieron un retiro
donde bien se meditaba,
para encontrarte contigo
y lo que tienes en el alma.

Nos marcaron unas pautas
con cantos, rezos y charlas,
me sentía muy feliz
era lo que necesitaba.

Allí conocimos gentes
cariñosas y honorables,
allí conocí a un amigo
llegado de otros lugares.

Enseguida conectamos
aunque no nos conocíamos,
el Señor nos puso juntos
para compartir y desahogarnos.

Cuando el tiempo terminó
teníamos que separarnos,
debido a circunstancias
juntos nos quedamos.

Pudimos conocernos,
mejor de lo que esperaba,
teniendo la gran suerte
ver lo grande de su alma.

Tanto ha influido en mi vida
la manera de ser que tiene,
que siento gran alegría,
al escuchar lo que sostiene.

Por eso digo que ha sido,
un regalo muy grande,
conocer a esta persona
que por la vida va sembrando,
¡cariño, alegría y buen talante!

Haciendo al que tiene cerca
sentirse querido y amable,
sintonizando con él
desde el primer instante.

～

Momentos amargos

En la vida hay momentos
dulces y muy amargos,
el perder a una hija, madre y
esposa, como en este caso.

He visto a su madre en la iglesia
acompañada de su yerno y nieta,
me acerqué con cariño a ellos
con palabras muy sinceras.

A la madre le dije con pena,
¡Cuánto lo siento señora!
echamos mucho de menos
a nuestra querida amiga ahora.

Ella contestó presurosa,
¡Imagínate lo nuestro!
por mucho que se imagine
no es como pasar por ello.

El dolor es tan grande,
que clama a los cielos,
pues se te rompe el alma
y todos los sentimientos.

Dios es tan bondadoso
que da fuerzas por ello,
para que puedas llevarlo
con valentía y sosiego.

Nuestra amiga Amparo se ha ido,
muchas personas lloramos,
pero sigue con nosotros,
en el corazón la llevamos.

Recordando como era ella
cariñosa, amable y dulce,
siempre sonriendo y atenta
con aquellos que la conocen.

Yo tuve la gran suerte
de ser su compañera,
en la labor de la iglesia
y trabajar para ella.

Por eso la conozco bien
sé cómo era ella,
una gran persona,
amiga y compañera.

Le doy gracias al Buen Dios
por haberla conocido,
el día que llegué aquí,
y ponerla en mi camino.

81

Quererte hasta la eternidad

Cincuenta años hace
que se unieron nuestras vidas,
para vivir los dos juntos
y formar una familia.

El Señor nos hizo el regalo,
de conocernos y amarnos,
vivir la vida unidos,
hasta llegar a separarnos.

Los años que estuvimos juntos,
cuarenta años luchando,
criando a nuestros hijos
y al prójimo ayudando.

Hasta que llegó el día,
que Dios te llevó con Él
dejándome aquí sola,
sin tu compañía y querer.

Cierto es que nuestros hijos,
y nuestros nietos también,
me han dado la alegría,
para poderme sostener.

En ellos tengo el apoyo
que necesito tener,
también en mis amistades,
que sé que me quieren bien.

Sobretodo nuestro Dios,
que me tiene junto a Él,
cogida de su mano,
recostada en su hombro también.

Querido y amado mío,
te llevo sobre mi piel,
aunque el tiempo ya ha pasado,
te quiero igual que ayer.

Por eso en este día,
que haríamos cincuenta años,
aunque no estés tú presente
yo quiero celebrarlo.

Para darle gracias a Dios,
por aquel hermoso regalo,
que siendo yo muy joven,
con tu persona me ha dado.

Espero que algún día,
cuando Dios lo tenga pensado,
me lleve junto a Él,
contigo siempre a mi lado.

Reunión de Amigos

Las amigas son apoyo,
muy grande en la vida,
cuando te encuentras con ellas,
te llenas de alegría.

Ayer me reunía yo,
con algunas en mi casa,
con esto de la pandemia,
nos hacía mucha falta.

Un amigo es quién fue
el autor de este encuentro,
me pidió que llamase a todas
para vivir unos momentos.

Todas acudieron prontas
con alegría y dispuestas,
para compartir un rato,
sentimientos y merienda.

Con la alegría de siempre
una nos acompañó,
dando un aire de gracia
a toda la reunión.

Otra vino también
con su manera de ser,
nos arranca carcajadas
contando cosas de ayer.

Con su cara sonriente y dulce
a pesar de su mal estado,
otra buena amiga
quiso estar a nuestro lado.

Cómo era de esperar
con cariño y armonía,
otra nos regaló un rato,
haciéndonos compañía.

Otras dos más vinieron
son muy buenas amigas,
siempre están dispuestas
a que cuente con ellas.

Falta un nuevo invitado
el hermano del amigo,
que ha venido a visitarle,
y a mi casa lo ha traído.

Pasamos un rato bueno
con alegría distendida,
faltaron abrazos y besos
por culpa de la pandemia.

Pero a pesar de todo
nos sentimos muy cerca,
pues Dios nos reunió a todos,
para compartir alegrías y penas.

Engañada por el diablo

De cuantas formas diferentes,
el diablo puede tentar,
cuando menos te lo esperas,
a tu puerta llamará.

Yo estaba tan tranquila
en mi querido y dulce hogar,
de pronto llaman al timbre,
pienso, ¿quién será?

Me dicen que traen una carta,
empecé pronto a pensar,
no espero noticias de nadie,
¿será del hospital?

Con esta repentina duda,
al diablo hice pasar.
metiéndose dentro de casa
con toda serenidad.

Enseguida empezó con mentiras
para hacerme a mí dudar,
de aquello que yo quería
para poderme engañar.

Tuvimos bastante lucha,
al final me hizo callar,
cayendo entre sus redes,
no me parecía real.

La culpa de esta caída,
me ha sentado muy mal,
el corazón se salía,
de los nervios que tenía ya.

Estaba muy advertida
por toda mi familia,
pero el diablo es tan listo,
que a mí siempre me lía.

Gracias a Dios que tengo,
el poder de recapacitar,
no siendo demasiado tarde
para poderlo cambiar.

Por eso llamé a mi hija
para poderlo arreglar,
y así quedarme tranquila
de nuevo teniendo paz.

Cuando todo quedó ya claro,
volvió a mí la alegría,
con un punto de amargor,
por tener otra caída.

～

*"Esto es referente
a los vendedores por las casas"*

Meditando en silencio

En el silencio de mi casa,
tengo tiempo de pensar,
en lo que nos da la vida
cada día al pasar.

Nos deja alegrías,
penas y tristezas también,
así pasamos la vida
dejando poco a poco la piel.

En los momentos alegres
todo nos parece bien,
cuando vienen las penas
nos dejamos caer.

Estos tiempos que vivimos,
son tiempos turbulentos,
de muchas inquietudes
y muchos sufrimientos.

La pandemia que azota al mundo
a todos nos tiene inquietos,
vivimos dentro de un ay,
con desconfianza y miedo.

Hemos perdido la gracia,
de tener seguridad,
esto nos impide a todos
vivir con libertad.

Ya no te fías de nadie,
por miedo a contagiar,
no sólo a tu persona,
también a tu familiar.

Muchos no se hacen cargo
del peligro que corremos,
y van alegremente
exhibiendo todo el cuerpo.

Sin aceptar los consejos
que nos dan desde el gobierno,
para ser más prudentes
y pensar en todo ello.

Todo es muy complicado
mantenemos la esperanza,
pues Dios lo mide todo
y sabe cuando esto acaba.

Debemos de confiar
en la misericordia de Dios,
pues Él nos dio la vida
nunca nos abandonó.

Esto son pruebas que manda
para que seamos mejores,
y no creernos que somos,
los dueños y señores.

De todo lo que ha Creado
para dárnoslo regalado,
con una condición
que sepamos bien cuidarlo.

En vez de haberlo hecho
lo hemos destrozado,
ahora se revela todo
lo que Dios ha creado.

No nos extrañe a nadie,
que vivamos esta pandemia,
estamos matando el mundo
y a toda nuestra tierra.

Que el Señor nos perdone a todos
por ser tan depredadores,
por ser avariciosos
y no respetar los valores.

Que son los que alegran el alma
y te hacen ser mejores,
para apreciar lo que tienes
y llenarte de mil amores.

Vacaciones diferentes

Las vacaciones de este año
han sido un poco extrañas,
vividas con alegría
y con miedo en el alma.

He procurado pasarlas
lo más despreocupada,
donde quiera que ibas
el ambiente recordaba.

Todo ha sido más escueto
todo siempre a distancia,
el calor de las gentes
apenas se notaba.

Las conversaciones eran cortas
justo se saludaba,
por el miedo al contagio
del virus que nos mata.

Buscas estar aislada
todo es diferente,
para que no te contagien
con el virus de la muerte.

Estamos bien convencidos,
estar con el bicho malo,
que nos quita la alegría
y destruye a los humanos.

Por eso amigos míos
la vida ha cambiado,
para todo el que creía
tenerla entre sus manos.

Es hora de reflexión
tiempo de recordarlo,
de analizar las acciones
y procurar algunos cambios.

La forma de vivir
también de pelearnos,
busquemos paz interior,
ser feliz con el hermano.

Porque en cualquier momento
esto se ha acabado,
veremos que nada ha servido,
aquello por lo que luchamos.

Por eso quiero añadir
que todos estamos,
luchando por nuestra vida
también contra el contagio.

Con la ayuda de Dios
quizás lo consigamos,
pero si no es así
con Él nos marchamos.

Para gozar de su amor
y de toda su grandeza,
de la que no pudo ser
aquí en esta tierra.

Qué bonito

Qué bonito es Señor, ver
salir al sol y meterse de nuevo,
habiendo vivido el día,
con todos tus sentimientos.

A veces conscientemente
otras con alegría,
terminando por la noche
contenta y agradecida.

Estos días que vivimos
preocupados por la pandemia,
tenemos que dejar de hacer
cosas que nos alegran.

Dejar de hacer gimnasia
por no podernos juntar,
por miedo al contagio
por nosotros y los demás.

Todo es diferente
la vida ha cambiado ya,
siempre está en nuestra mente
el virus que quita libertad.

Por eso Señor te pido
que intercedas Tú, de nuevo,
no nos dejes mucho tiempo
dependiendo de todo esto.

Privándonos de los abrazos
con tantas ganas y deseos,
que sentimos en nuestra alma
para dárselo a nuestros nietos.

Que por ser los más pequeños
necesidad tenemos de ello,
y a los hijos que son tu carne
también dárselos, por supuesto.

Todos los días miramos
las noticias con anhelo,
pero siempre son peores
todo sigue en aumento.

Al final dices ¡Sí!
vivamos con todo ello,
aprovechemos el día
para dar vida al cuerpo.

Y que el Señor haga en mí
aquello que tenga dispuesto,
y acatarlo todo,
lo que nos venga de lejos.

Sólo así viviremos
con un poco de sosiego,
siendo capaces de ver
lo bueno que tenemos.

A pesar de todo esto
creo que lo merecemos,
mientras podamos hacerlo
demos gracias al cielo.

Sólo así encontraremos
alegría y consuelo,
con cierta paz en el alma
que tranquiliza por dentro.

Sentimientos

Los sentimientos a veces
son como un torbellino.
se juntan todos revueltos
no conoces su destino.

Cuando son de mucha pena
el alma rompe por dentro,
sintiendo grandes cascadas
como tormenta en desierto.

Otras son de alegría
entonces se hincha el alma,
llenando el interior
de sentimiento de gracia.

La vida nos da de todo
al ser seres humanos,
tenemos que hacer con ellos
lo que buenamente podamos.

A veces nos equivocamos,
otras acertamos,
vivimos todos con ellos,
sepamos sufrir y alegrarnos.

Todos los sentimientos
son para trabajarnos,
para modelarnos por dentro
y hacernos más humanos.

Pues todo hombre que siente
y siente de corazón,
enseguida se da cuenta
si tienen su razón.

Pues al ser tan diferentes,
fuertes como un aluvión,
te dejan anonadado
en todo el interior.

Debes poner un orden
para vivirlos mejor,
así hacer con ellos
dándoles su valor.

Para disfrutar la vida
con orden y sosiego,
solucionando todo aquello,
aunque venga de muy lejos.

Después de diez años

Diez años hace, mi amor,
que vivo sin tu presencia,
pero siempre estás conmigo
en mi corazón y conciencia.

Siempre te llevo a mi lado
vaya donde vaya,
el sentimiento es tan fuerte
que no me siento extraña.

Estoy en casa tranquila
me siento muy cuidada,
compartiendo contigo
todo lo que me pasa.

Las cosas que tuvimos
unas buenas otras malas,
todo eso nos unió
hasta el día que me dejabas.

Ese día se rompió
el lazo que nos unía,
eso creía yo
pero era mentira.

Pues el lazo del amor
si es verdadero y bueno,
no se rompe nunca
y siempre será eterno.

En este día cariño
quiero decirte de nuevo,
que te dedico siempre
todos mis sentimientos.

Los que sentí junto a ti
los que sentí después de muerto,
todos los que siento ahora
te los dedico de nuevo.

Pues tú fuiste causante
de muchos de todos ellos,
con ellos aprendí a vivir
y a caminar siempre presto.

La semilla del mal

En los años de mi niñez
viví en la pobreza,
había salido España
de una terrible guerra.

Al cumplir los trece años
conocí la inmigración,
dejando todo lo querido
nos fuimos a otra región.

Allí conocí el desprecio,
la nostalgia y el dolor,
por la ausencia de los míos
aunque los llevo en el corazón.

Poco a poco fui integrándome
a la nueva situación,
a los pocos años empezó
de nuevo el terror.

ETA, salió a la luz,
mostrando su peor cara,
matando y asesinando
a quien se le antojaba.

Muchos años he vivido
por culpa del terrorismo,
con angustia y dolor
por todo lo sufrido.

Hace poco cambió todo
se acabó el sufrimiento,
el diablo que nuca duerme
de nuevo cogió el relevo.

Sembrando en los corazones
el afán del separatismo,
de nuevo estamos en guerra
verbal y odios inquino.

A todo esto, añadimos,
la pandemia que sufrimos,
con miles de contagiados,
y miles desaparecidos.

Los políticos van a la suya
luchando con poderío,
para agarrarse al poder
así dominar al individuo.

No piensan que ellos mismos
pueden caer destruidos,
así se ha visto siempre
así será en lo sucesivo.

Pues nadie es eterno
en este mundo querido,
al que tanto maltratamos
pudiendo vivir unidos.

Disfrutando todos juntos
como Dios así lo quiso,
pero el diablo se mueve
con demasiado sigilo.

Siempre está muy alerta
para poder destruirnos,
sembrando semilla mala
para llevarnos consigo.

El tiempo no se detiene

El tiempo va pasando
la angustia está aumentando,
por culpa de la pandemia
que no se va alejando.

Los ánimos alterados
entre el pueblo y el senado,
todo son acusaciones
entre unos y otros bandos.

En vez de que haya unión
para ir esto atajando,
se pelean entre ellos
dando tristes espectáculos.

El pueblo mientras está
esperando y aguardando,
que encuentren soluciones
para seguir trabajando.

El estado que ahora estamos
es de mucha confusión,
unos dicen unas cosas
otros revocan con decisión.

Consecuencia de todo esto
nos está desanimando,
viendo cómo se trunca todo
dejándonos tristes y desolados.

En medio de este caos
procuro yo animarme,
dejándome llevar,
confiada por otros lares.

Busco en lo cotidiano
aquello que me alegre,
procurando estar tranquila
y dejar que el tiempo vuele.

Espero más pronto que tarde
todo esto se modere,
para vivir de nuevo
el contacto con la gente.

Lo que más se echa de menos
es la sonrisa constante,
la que sale del corazón
al vernos por la calle.

Espero pronto llegar
a vivir de nuevo así,
todo será mejor
sí sabemos convivir.

Tiempo de pandemia,
"Covid-19"

Pasear en libertad

He salido de casa esta tarde
dispuesta a pasear,
con el rosario en la mano
preparada para rezar.

El mundo necesita
gente de buena voluntad,
sigo los consejos de la virgen
me dispongo a colaborar.

Para mí mientras lo rezo
es momento de meditar,
la vida de Jesucristo
y la vida espiritual.

Una vez terminado el rezo
me pongo a contemplar,
aquello que me rodea
para poderlo disfrutar.

Esta tarde he salido
por las huertas a caminar,
para ver lo sembrado
y encontrar la realidad.

Hace una tarde estupenda
pronto el sol se esconderá,
aquí estoy sentada
escribiendo de verdad.

Es tanta la paz que siento
sentada en este lugar
que he sacado papel y pluma,
para poderlo contar.

La vida hay que tomarla
con cierta tranquilidad,
a pesar de las dificultades
el tiempo lo arreglará.

El sol se está metiendo
tengo que dejarlo ya,
todavía queda un trecho
para llegar a mi hogar.

Contenta de haber vivido
una experiencia más,
en este día tan bonito
que Dios nos ha querido dar.

Vuelvo a casa muy alegre
de tanto caminar,
de haber pasado la tarde,
con paz y tranquilidad.

Un día maravilloso

Qué bonito lo hiciste todo,
Señor del universo,
con gran bondad y cariño
nos regalaste todo ello.

De pequeña me crié
entre castaños y olivos,
la primavera siempre era
verdadero paraíso.

Ese sentimiento grande
de haberlo yo vivido,
lo llevo metido en el alma
siempre lo llevo conmigo.

Cuando estoy un tiempo sin ver
las montañas y caminos,
parece que me falta el aire
y el color a los sentidos.

Hoy he tenido la suerte
de salir con nietos e hijo,
para ver los colores
que tanto necesito.

Ha sido maravilloso
todo lo que hemos visto,
el río cantando alegre
saltando los pedriscos.

Formando sus cascadas
alegrándonos el alma,
con el agua cristalina
que daba gusto mirarlas.

A su lado majestuosos
muchos árboles se alzaban,
a ras del suelo crecían
vegetación baja y las zarzas.

Todo ello formaba
un espectáculo fantástico,
con el cielo azul celeste
el sol brillante y cálido.

Empezamos a adentrarnos
por una vereda estrecha,
subiendo la orilla del río
admirando la belleza.

Que a lo largo del camino
a nuestros ojos se ofrecía,
lleno de muchos colores
y las hojas que caían.

No sabías donde mirar
de tanto lo que veías,
pero mis cinco sentidos,
con anhelo absorbían.

Era un sin fin de colores
que todo lo envolvía,
le daba gracias a Dios
por regalarme este día.

De colores preciosos
de libertad y armonía,
con el alma llena de nuevo
de paz y mucha alegría.

Regresamos a casa
con el corazón desbordante,
y todos estos recuerdos
para seguir adelante.

Buscando la paz

De paseo iba yo
rezando y haciendo fotos,
de pronto ante mis narices,
pasa corriendo un zorro.

Aprisa y presuroso
se metió entre rastrojos,
perdiéndole yo la pista,
quería hacerle fotos.

Seguí tranquila el paseo
fijándome en todo aquello,
que a lo largo del camino
se mostraba todo bello.

Es el mes de Julio
todavía hay muchas flores,
mezcladas con sus colores,
formado un cuadro el horizonte.

Todo tiene armonía
el sol, el aire, dulce melodía,
con el canto de los pájaros
y el murmullo de la brisa.

Disfruté de todo ello
yo sola por el monte,
no me encontré con nadie,
nadie que me afronte.

Un labrador en los trigales
recogiendo la cosecha,
este año es abundante
¡da gusto ver la tierra!

Cereal de color oro
para saciarnos el hambre,
que todos y cada uno
tenemos en todas partes.

Llegué a casa contenta
por el paseo disfrutado,
después de tanto tiempo
la pandemia nos ha privado.

Por eso ahora que estoy
en el pueblo de mi marido,
quiero disfrutar el momento
recuperar lo perdido.

Llenar todo mi espíritu
de paz y de fineza,
que solo el silencio del campo,
te llena y regenera.

La vida es subir y bajar

Estoy aquí en la roca
sentada en la playa,
mirando venir las olas
con sus espumas blancas.

El mar está muy calmado
el agua parece de plata,
el sol brillando en lo alto
alegre con su mirada.

No hay mucho trasiego
ir y venir de las gentes,
unos por la pandemia
otros por cosas urgentes.

Hoy festividad de los Santos
día importante para el cristiano,
este año por la pandemia
todo está controlado.

Para evitar mogollones
en todos los campos santos,
han puesto controles
para vencer los contagios.

He decidido venir
hasta la playa caminando,
por si acaso vuelven hacer
dejarnos en casa obligados.

La cosa está muy fea
no saben por dónde cogerla,
la gente no hace caso
así no se puede con ella.

Para olvidar un poco todo
estoy aquí en la playa,
disfrutando la mañana
con buen ambiente y el agua.

Con esta calma que tiene
y el sonido de sus olas,
dejo que penetre en mí
para que me llegue al alma.

Aunque estoy aquí sentada
y pretendo disfrutarla,
no puedo olvidarme de aquellos
enfermos en sus camas.

Nadie podemos decir
ni presumir de todo aquello,
que todo lo tengo bueno
a mí no me tocan un pelo.

Pues todos somos mortales
estamos siempre expuestos,
a sufrir esta pandemia
u otras que ya conocemos.

Por eso hay que pensar
que lo que hay en la tierra,
tenemos que disfrutarlo
siempre que uno pueda.

Porque la vida es así
continuamente dando vueltas,
hoy te encuentras muy bien
mañana viene la cuesta.

La que tienes que subir
con sacrificios y penas,
y que te hacen sentir
frágil en la epopeya.

Por eso hoy yo propongo
y me haré también la cuenta
aprovechar todo aquello,
que la vida nos ofrezca.

Esperanza en la vida

Todo en esta vida
tiene principio y final,
la pandemia que vivimos
también lo tendrá.

Aunque está haciendo daño
a toda la humanidad,
no perdamos la esperanza
que algún día llegará.

Los momentos felices,
de nuevo llegarán,
aunque haya unas normas
que nos quitan libertad.

Ese sentimiento lleva
a tener ansiedad,
a verlo todo negro
y miedo a cambiar.

Yo creo que, en el cambio
está la solución,
viviendo con alegría
con la mirada en el Señor.

Él está muy atento
a nuestra reacción,
dejándonos siempre libres,
aceptando la elección.

Tenemos que ser conscientes
de la nueva situación,
no veamos sólo lo malo,
aprendamos la lección.

Sepamos sacar lo bueno,
que lo tenemos también,
seamos agradecidos
con aquel que nos deja ver.

La vida sigue adelante
a pesar de todo lo malo,
también sigue lo bueno,
aprendamos a disfrutarlo.

Cada día amanece
ofreciendo sus regalos,
el aire, el agua y el sol
para poder gozarlos.

Si no te encuentras bien
y estás un poco abrumado,
piensa en nuestro Salvador
que está siempre a tu lado.

Cargando con tus dolores
para ayudarte a llevarlos,
lo mismo que hizo entonces
cuando en la cruz lo clavaron.

Él es el único que puede
con su amor soberano,
porque sabe de dolores,
sufriendo los más inhumanos.

Por eso nos comprende bien,
sabe cómo ayudarnos,
al que se acerca a Él,
con corazón limpio y congojado.

Él nos dice siempre,
venid a mí los cansados,
que yo os aliviaré,
cogiéndoos de la mano.

A todos nos llevará,
felices y cantando,
al lugar prometido
junto con todos los santos.

Por eso, queridos todos,
no perdamos la esperanza,
porque tenemos a uno,
que da alegría y calma.

Acogerle en nuestras vidas,
aunque sea mendigando,
Él nos quiere a todos,
a su lado, sanos y salvos.

Seamos todos humildes,
aceptemos lo mandado,
volveremos a ser felices,
en el mundo en el que estamos.

Nuestra meta en la vida,
siempre ha sido ésta,
ser felices en la tierra,
a pesar de las tragedias.

Para llegar un día
y disfrutar de la nueva,
donde dura para siempre,
ya sin penas ni dolencias.

~

Optimista, ante todo

Quiero ser optimista
con los tiempos que vivimos,
en medio de la pandemia
y de tantos coronavirus.

La salud es lo primero
decimos cuando nos falta,
porque cuando la tenemos
todo es alegría y parranda.

Muchas veces no apreciamos
todo aquello que tenemos,
hasta el mínimo detalle
importa en nuestro cuerpo.

Tenemos que darle mimo
por fuera y por dentro,
pues sano tiene que estar
unidos y contentos.

Estos tiempos de pandemia
a todos nos está impidiendo,
vivir con alegría
y disfrutar del firmamento.

Todo son noticias malas
de contagiados y de muertos,
de otras muchas cosas
machacando sentimientos.

Aunque parezca egoísta
he tomado la decisión,
estar lo más tranquila
dentro de esta situación.

Me refugio en mi casa
con mis flores del balcón,
con otras que he adornado
dentro, en cada rincón.

Procuro disfrutar de ellas
mientras tenga la ocasión,
me refugio en mis plegarias
suplicándole al Señor.

Que pase pronto esta fase
que causa tanto dolor,
cebándose con el ser humano
quitándole salud e ilusión.

No podemos descuidarnos
pongamos mucha atención,
en cualquier momento viene
y te aborda de sopetón.

El mundo está sufriendo
como hace años sufrió,
repitiéndose de nuevo
en esta generación.

Sepamos darnos cuenta
refugiémonos en el Señor.
solo Él nos da la fuerza
es nuestra salvación.

Nada de lo de este mundo
tiene comparación,
para darte la alegría
en momentos de dolor.

∼

Tiempo de pandemia Covid-19

Momentos turbulentos

Cada día estoy más preocupada
por todo lo que sucede,
el mundo está muy revuelto
se nota entre las gentes.

Los ánimos están muy bajos
por no ver un horizonte,
donde ver un rayo de luz
en todo lo que acontece.

Cada vez más crispación
en todos los ambientes,
tampoco plena libertad
para decir lo que sientes.

Estamos llegando a un punto
donde todo es diferente,
las tradiciones vividas
de momento se suspenden.

Pero sí se transmite
el odio y el pesimismo,
lo que hace años quisimos
olvidar para vivir unidos.

Estos años de democracia
que todos hemos vivido,
han sido los mejores años
de todos estos siglos.

Desde que han empezado a sacar
y mover resentimientos,
están consiguiendo llegar
de nuevo al enfrentamiento.

No sé por qué algunos tienen
tantas ganas de jaleo,
con lo bien que se vive en paz,
alegría y buenos deseos.

Deseos de prosperidad
en todos los aspectos,
vivir con alegría
y disfrutar de lo nuestro.

Pero algunos no quieren eso
prefieren sometimientos,
para dominar a todos
según sus pensamientos.

Ideas que para muchos
no llevan al acercamiento,
al contrario, va aumentando
tensión y distanciamiento.

Algunos ya han lanzado
palabras de fusilamientos,
son palabras mayores
que no llevan al encuentro.

Lo uno lleva a lo otro
el ovillo va engordando,
cuando quieres darte cuenta
la bomba ha explotado.

Entonces nos damos cuenta
que nada hemos aprendido,
de lo bueno que tenemos
y de todo lo vivido.

Espero que no sea tarde
que todo vaya mejorando,
cediendo un poco todos
volveremos a encontrarnos.

"Momentos turbulentos"

Navidad diferente en lo externo

En estos días que vivimos
hay mucho desconcierto,
por la fiesta de Navidad
sí vivirlas solos o revueltos.

Hay tanta incertidumbre
con lo que está sucediendo,
que están limitando todo
para evitar sufrimientos.

A mí me parece bien
que no nos aglomeremos,
sí con esto evitamos
que haya múltiples enfermos.

Pues la pandemia no cesa
no entiende de miramientos,
tenemos que ser nosotros
los que pongamos parapetos.

Es cierto que serán
Navidades diferentes,
sin tanto jolgorio externo
que suelen hacer las gentes.

Tenemos la oportunidad
vivirlas con sentimientos,
celebrar la realidad
con humildad y recogimiento.

Fijándonos en Belén
cómo fue el acontecimiento,
veremos al Niño Dios
recostado en el suelo.

Nos fijaremos más en Él
con sencillez y cariño,
lo veremos cómo Él prefiere
con ternura y con mimo.

Tal vez sea para bien
todo lo que está sucediendo,
sea una oportunidad
para que todos despertemos.

Vivamos la Navidad
con verdadero anhelo,
y en el alma paz
esperando lo venidero.

Llenémonos de alegría
porque Dios ha nacido,
para llevarnos a todos
por su recto camino.

Lamento de un Alma

No sé qué es lo que pasa
la gente se ha vuelto loca,
en medio de la pandemia
que a tantas personas toca.

A pesar de tantos muertos
y tantas familias rotas,
están levantando voces
pidiendo más sangre ahora.

En todos los países
que se dicen progresistas,
están gritando a tope
leyes para abortistas.

Quieren que sea legal
matar a niños inocentes,
que ellos mismos engendraron
conscientes o inconscientes.

¿Cómo se puede tener
una conciencia tan mala,
para desear matar
aquello que amas?

La verdad es que el amor
a veces no se conoce,
aparece el egoísmo
y todo lo corrompe.

El mundo está paganizado
antepone lo terreno,
está dejando de lado
aquello que es sano y bueno.

Los que antes creían en Dios
ahora lo tienen ajeno,
se han separado de Él
por eso sucede esto.

El hombre se va perdiendo
por el camino andado,
prefiriendo otras metas
sin prever donde le ha llevado.

Cree que es mucho mejor
hacer lo que se le antoja,
creyendo que es libertad
en eso se equivoca.

Libertad es aquello
que te hace sentir dichoso,
aunque hagas lo que hagas
siempre para ayudar al otro.

Aunque estés cansado
aunque estés dolorido,
si te has entregado todo,
eso siempre va contigo.

Por eso yo no entiendo
que pidan esas leyes,
para poder matar
a tantos inocentes.

A la hora de nacer
también al de la muerte,
dicen por compasión
y por bien de las gentes.

Para que no sufran tanto
es la excusa que ponen,
para llevarlo a cabo no teniendo
presente que el juez está en lo alto.

Él único que tiene poder
es el que nos ha creado,
y es quien lo tiene todo
en sus prodigiosas manos.

El que lo hizo todo bien
inmenso, bello y bueno,
para poder disfrutarlo
los humanos por completo.

El poder de la vida
el poder de la muerte,
la decisión final
que a todos acontece.

Dulce Alegría

El día treinta y uno estuve
celebrando con el Señor,
la despedida del Año Viejo
con alegría y emoción.

Nunca había estado
en esa celebración,
por culpa de las viandas
preparando en el fogón.

Como era diferente
este año que pasó,
también la Noche Vieja
tuvo dulce y amargor.

Primero tuve el regalo
de estar con nuestro Dios,
después me vine a casa
canturreando una canción.

Me hacía sentir por dentro
con paz y mucho amor,
pensando en los míos
que el virus nos separó.

Yo agradecida estaba
al contemplar la situación,
en vez de sentirme sola
llena me sentía de Dios.

Sentía paz por dentro
acompañada sin más,
con todos mis recuerdos
sabiendo con ellos estar.

Hay que saber aceptar
lo que tienes de momento,
para sentirte feliz
y vivir con todo ello.

He llegado a la conclusión
sacada de todo esto,
que la vida es bonita
si contento estás por dentro.

Dejemos actuar a Dios
en todos los encuentros,
que a lo largo de la vida
nos van así sucediendo.

Quién tiene siempre a Dios
aunque cueste comprenderlo,
Él nos da la alegría
para poder sostenernos.

Aprovechar los momentos

Al salir de misa hoy
al ver lo bueno que hacía,
he decidido pronto
el plan que yo quería.

He llegado a mi casa,
he comido enseguida
por salir a pasear
y disfrutar de la salida.

Voy despacio y tranquila
me ahogo con la mascarilla,
me paro de vez en cuando
para coger energía.

Me pongo a escribir un poco
de algo que yo quería,
como no me sale bien
lo dejo, camino por la vía.

Estoy entre los huertos
disfrutando de la brisa,
calienta un poco el sol
esto es una delicia.

Hay bastante silencio
a veces pasan bicicletas,
todos procuramos vivir
los momentos que nos dejan.

En el ambiente que estoy
parece que no hay pandemia,
todo es tan normal
que te olvidas hasta de ella.

Piensas en los que sí están
sufriendo en las residencias,
y en todos los hospitales
luchando contra ella.

Piensas, ¡qué suerte tengo!
de estar libre de ella,
por eso mientras dure,
disfrutemos y cuidémonos de ella.

Sólo con salir al campo
aunque sea cerca de casa,
es bendición de Dios
tenemos que darle gracias.

Gracias por todas las cosas
que parecen menudencias,
ahora se han convertido
importantes en la existencia.

En la vida siempre hay
muchos altos y bajos,
tenemos que estar dispuestos
para afrontar lo tocado.

Juan Pablo II
"Un Papa excepcional"

Te estoy agradecida
Señor eternamente,
por dar a tu Iglesia Santa
un Pontífice sobresaliente.

Los años que he vivido
bajo su Pontificado,
a mayores y jóvenes
se los iba él ganando.

Con amor, su fuerza interior,
simpatía, entrega y convicción,
a muchos que no creían
se les abría el corazón.

Karol Wojtyla era su nombre
desde pequeño ha llorado,
su alma completamente rota
con todo lo que ha pasado.

Tú lo elegiste Señor
para guiar a tu Iglesia,
era buen capitán
para llevar las cadenas.

Le diste grandes dones
de amor e inteligencia,
para proclamar al mundo
que el amor para las guerras.

A él le tocó vivir
una gran tragedia,
donde los Nazis mataban
a placer y sin conciencia.

Él con su fuerza interior
la que tú le regalabas,
con valentía y firmeza
contra ellos peleaba.

Tan convencido estaba
que el amor lo vence todo,
supo ganar batallas
sin las fuerzas de las armas.

Nos ha infundido valor
para dar testimonio,
nos dice no tengáis miedo
Dios está con vosotros.

Cierto es que tenía algo
que transmitía desde lejos,
una alegría inmensa
que conmovía por dentro.

Tuve un día la suerte
de verle muy de cerca,
en una peregrinación
que terminaba en fiesta.

Al verle aparecer
entre tanto gentío,
mi cuerpo se quedó
contento y sombrío.

Todos gritaban vivas
yo lloraba de emoción,
de mi garganta no salía
ni siquiera una voz.

Al ver tan magullado
su cuerpo por el dolor,
me daba tanta pena
mi garganta se calló.

Al mirarle sentí paz
mi corazón se calmó,
y lleno de alegría,
mi cuerpo se quedó.

Nunca olvidaré
aquel momento vivido,
de conocer al hombre
que Dios ha redimido.

Ha dejado en el mundo
muchos consejos y escritos,
ahora que ya no está
ves lo que hemos tenido.

El Señor se lo ha llevado
después de muchos sacrificios,
entregando su vida a Dios
y por los hombres perdidos.

"Homenaje a Su Santidad
Juan Pablo II"

Caminos de la Vida

En la vida hay caminos
que nunca crees correr,
de pronto sucede algo
y cambia tu parecer.

Siempre he sido persona
de cierta timidez,
con el tiempo he cambiado
al llegar la madurez.

En la lucha de la vida
has tenido que escoger,
lo que llena por dentro
o vivir en la idiotez.

He tenido la gran suerte
de ser persona de fe,
de vivir en armonía
y con mucha sencillez.

Al tiempo que iba viviendo
los cambios dentro de mí,
iba sintiendo una fuerza
que me animaba a escribir.

Todavía tengo la fuerza
y ganas de seguir,
para decir al mundo
Señor lo que haces por mí.

Solo Tú me conoces bien
conoces mis flaquezas,
también lo que puedo hacer
con todas mis miserias.

Siempre me pongo en tus manos
para hacer lo que Tú más quieras,
con esa confianza Señor
me pongo a trabajar con ellas.

En cuanto tengo ocasión
hablo de Ti sin miedo,
pues quiero que te amen todos
por lo menos como yo te quiero.

Que sientan la alegría
dentro de su corazón,
experimenten por dentro
lo grande que es tu Amor.

Hoy me has dado otra vía
para poderme expresar,
hablar a través de las ondas
en una radio local.

Me llamaron un día
enseguida dije sí,
en esa llamada que hacían
vi que me enviabas allí.

Me recibieron alegres
explicaron cómo haría,
una vez todo dispuesto
comenzó la sintonía.

Estaba un poco nerviosa
era mi primera vez,
a lo largo de la entrevista
fui dando mi parecer.

Me sentía muy a gusto
contestando las preguntas,
sintiéndome con libertad
sin ninguna cortadura.

Cuando todo terminó
estaba muy contenta,
por la ocasión ofrecida
para hablar de algunos temas.

Esos temas para mí son
los que más me interesan,
darte a conocer Señor
a través de mi experiencia.

Por eso estoy agradecida
a quien lanzó por las ondas
el mensaje que quiero dar
y es que todos te conozcan.

En Tus manos lo dejo todo
tú Señor eres mi guía,
sólo te pido mi Dios
que me guíes cada día.

Despedida de un buen amigo

De Perú llegó un amigo
que a todos cautivó,
con su alma sencilla
humilde de corazón.

La mochila que traía
estaba llena de inquietud,
llegó aquí a Valencia
cargado con su cruz.

El Señor lo trajo pronto
en esta casa apareció,
con muchas ilusiones
y ferviente convicción.

La ambición que traía
era darnos su amor,
y los necesitados
su mayor pasión.

En cuanto le conocimos
descubrimos en él,
que era el antídoto
donde poder acceder.

En estos años que ha estado
lo hemos conocido bien
y bien lo hemos querido,
por ser como él es.

El Señor lo ha dotado
de unos dones sencillos,
por eso no dejan de ser
buscados y muy queridos.

Ha sabido transmitir
simpatía y cariño,
con su bálsamo aplacaba
aquello más dolorido.

A Dios le doy las gracias
por haberle conocido,
ser una persona más
de todos sus amigos.

Muchas gracias querido amigo
por todo lo recibido,
deseo que Dios le ayude
en su nuevo destino.

Pues donde quiera que estemos
encontraremos a Cristo,
cogidos de su mano
para sembrar los caminos.

"Que Dios le bendiga siempre".

Dedicada al padre Iván.

Hermosa primavera

Qué hermosa es la primavera
con sus dulces melodías,
los brotes de las flores
abren paso a la vida.

La flor del almendro está ya
adornando el horizonte,
con sus flores blancas y rosas
atrae diseminadores.

Esos insectos que vuelan
se mantienen de su néctar,
para darnos al hombre luego
dulce miel, aromática y fresca.

Todo recobra vida
en esta estación tan bella,
donde se alza el ánimo
aún entre tanta tragedia.

A pesar de todas las cosas
que el mundo está viviendo,
hay motivos de alegría
y damos gracias al cielo.

Gracias a Nuestro Dios
que ha hecho todas las obras,
sigue haciéndolo de nuevo
en nosotros y en todas las cosas.

No perdamos la esperanza
aunque todo vaya mal,
siempre tendremos la gracia
de Nuestro Padre Celestial.

Sepamos ver en la vida
las cosas buenas que da,
abramos bien los ojos
delante de ellos están.

Miremos muy de cerca
no hace falta tanto viajar,
para ver en la naturaleza
todo lo que Dios nos da.

Aunque estemos confinados
podemos siempre pensar,
crear dentro de nosotros
lo que queramos soñar.

Dios nos da la gracia,
de poder recrear
dentro de nosotros
felicidad o pesar.

Según lo que elijamos
la vida nos dará,
abismo de pena o,
cumbre de felicidad.

～

Amor incondicional

Qué bonita es la vida
cuando tienes alrededor,
personas que te quieren
de todo corazón.

He podido comprobarlo
en este día especial,
he recibido sus llamadas
me querían felicitar.

Cada llamada recibida
ha sido fenomenal,
sus palabras me llenaban
de alegría y amistad.

Todos me transmitían
su cariño hacia mí,
mi alma se llenaba
me sentía muy feliz.

A Dios le daba gracias
por el cariño recibido,
que a través de sus llamadas
verdad me han transmitido.

No hay cosa mejor en el mundo
que la amistad de un buen amigo,
que sepa estar siempre
junto a ti y con cariño.

Compartiendo todo aquello
que a ti te hace sentir,
las cosas de la vida
y que te hacen vivir.

Gracias amigos todos
sois una parte de mí,
con vuestra amistad y cariño
me hacéis todos muy feliz.

Gracias a Nuestro Dios
por poneros en mi camino,
formando en mi vida
parte de mi destino.

Decisión acertada

En el balcón de mi casa
he plantado un jardín,
con geranios y claveles
margaritas y jazmín.

Es un gran gozo mirarlo
oler su perfume también,
llenándome por dentro
de alegría y de placer.

Con esto de la pandemia
que no podemos salir,
nos privan de muchas cosas
importantes para mí.

Una de las que me llenan
es vivir en libertad,
para ir a donde yo quiera
sin barreras que tirar.

La privación de ir al campo
donde respiro libertad,
y oler sus aromas
que me embriagan de verdad.

A falta de todo esto
lo tenemos que arreglar,
haciendo lo posible
y librarnos de enfermar.

Por eso he decidido
ponerme un jardín en casa,
para poder disfrutar
aliviando la nostalgia.

Así pasar mejor
los momentos que te apagan,
la alegría y la ilusión
de aquello que tanto amas.

Con esta estupenda idea
estoy contenta en mi casa,
contemplando mi jardín
que llena toda mi alma.

Para "Mamá" en el día de la "Madre"

Nuestra querida mamá
te queremos felicitar,
en el día de la madre
por todo lo que nos das.

Nos entregas tu cariño
lo importante de verdad,
y por todos tus desvelos
para podernos cuidar.

Nosotros también te queremos
te llevamos en el corazón,
y te damos muchas gracias,
por darnos todo tu amor.

≈

Corazón puro

Como blancas palomas
se dirigen al altar,
con el alma pura y limpia,
al encuentro del "Gran Manjar".

Entre ellas mi nieta Paula
llena de mucha ilusión,
a recibe con alegría
a nuestro Amado Señor.

Con su alma inocente
llena de bondad,
siempre está dispuesta
para poder ayudar.

Con su sonrisa alegre
que llega al corazón,
te hace llenar de gozo
cuando te entrega su amor.

Es una niña muy linda
con mucha ternura y bondad,
su corazón está lleno
de amor por entregar.

Este camino que empieza
de niñez a la adolescencia,
quiero seguir queriéndote
como amiga y como abuela.

Sé que las cosas cambian
hay que aceptar lo que sea,
siempre estaré junto a ti
en los momentos que vengan.

Mi niña, querida nieta,
cuenta conmigo siempre.
Para aquello que tú quieras
la abuela estará presente.

Para darte consejo,
ayudarte en lo que pudiere,
siempre con amor en el alma,
para que crezcas alegre.

Dedicada a mi nieta Paula, el
día de su primera comunión.

Desánimo

No hay mayor tormento
que la monotonía,
poco a poco se van uniendo
aburrimiento y melancolía.

Las horas se hacen largas
no encuentras distracción,
el cuerpo se va poniendo
nervioso y sin acción.

Vas entrando en una rueda
sin ninguna dirección,
vas girando y girando
llegando a la depresión.

Te das cuenta de ello
y no pones solución,
hasta que llegas a un punto
crees que no hay salvación.

Al verte tan hundida
quieres empezar de nuevo,
cogiendo otros aires
que te llene con sus vientos.

Con voluntad y esfuerzo
vas saliendo de todo ello,
de esa tristeza tan grande
que te llena todo el cuerpo.

Cuando vuelves a sentir
la alegría por momentos,
sientes que vuelves a vivir
y te alegras por todo ello.

Cuando te encuentres bien
tienes que mantenerlo,
buscando cosas que te hagan
sentirte bien por dentro.

Empezarás a mirar
todo con ojos nuevos,
también aprovecharás
hasta el último momento.

Aprenderás a disfrutar.
saborear lo que tenemos,
dándole la importancia,
que tiene el momento.

Mirarás el horizonte
con otros miramientos,
donde solo veas paz
y en tu interior sosiego.

Te sentirás feliz
aprendiendo de todo ello,
y vivirás la vida
con ilusión de nuevo.

La vida es una Noria

La vida es una noria
que gira sin cesar,
siempre hacia adelante
sin saber que pasará.

Comienzas un día nuevo
sin saber que ocurrirá,
tienes más o menos pensado
lo que tú puedes lograr.

Sin grandes ambiciones
comienzas a caminar,
te conformas con lo que tienes
para luchar un día más.

Eso hacen los conformistas
los que no quieren aspirar,
a grandes triunfalismos
en su vida peculiar.

Hay otros que sí aspiran
a dominar la sociedad,
de una manera o de otra
sin mirar a dónde van.

No les importa el riesgo
al que se puede llegar,
por conseguir ambiciones
a costa de los demás.

A veces tanta ambición
te lleva a demostrar,
que no importa lo que pase
con tal de yo triunfar.

Ese triunfo que has tenido
puede ser traicionero,
porque ha sido conseguido
con el dolor de tu pueblo.

Y no puedes hacer feliz
a nadie con todo eso,
y sí, tener pesadillas,
con tu mal comportamiento.

Cuando el Alma está vacía

Cuando el alma está vacía
de tu presencia por dentro,
te sientes como perdida
fría y sin contento.

Hay temporadas de esas
no sé por qué sucede eso,
aunque siempre yo te busco
a veces no te encuentro.

Me doy cuenta de ello
cuando expresarme quiero,
hablar de otras cosas y
nunca me concentro.

En cuanto pienso en Ti Señor
vuelvo a tenerte de nuevo,
siento alegría en el alma
me encuentro viva por dentro.

Esta experiencia que tengo
de sentirme feliz contigo,
yo la quiero transmitir
a quien no te ha conocido.

Me encuentro muchas veces
con personas allegadas,
diciendo lo mal que se sienten
por fuera y en el alma.

Siempre procuro Señor
animarlas con tus palabras,
aunque dicen que creen en ti
son un poco descuidadas.

Creen que no les hace falta
a tu Banquete acercarse,
llenarse de tus palabras
de Tu Cuerpo y de Tu Sangre.

Yo les digo Señor,
que eso es lo más importante,
siempre vivir junto a ti,
lo bueno y lo desagradable.

Pues Tú eres el mejor
para aliviar nuestros males,
aunque los lleves por dentro
contigo son más normales.

Nos sentimos más fuertes
también más capaces,
de aceptar lo que somos
con lo bueno y pesares.

Siento pena Señor
de todos los que se alejan,
los que te conocieron
y rompieron sus cadenas.

Para buscar otros lares
creyendo que allí habita,
la felicidad que buscan
llevándose gran sorpresa.

No llegando a encontrar
la dicha que anhelaban,
quedando como antes
vacía por dentro su alma.

Caminando en Libertad

Por la vereda del camino
los pies van caminando,
es tan grande el silencio
que los pasos vas escuchando.

Al darte cuenta de ello
alerta pones los sentidos,
te fijas alrededor
escuchas otros sonidos.

El agua del río que corre
el canto de los pájaros,
el murmullo del viento
moviendo el trigo dorado.

Te fijas en el horizonte
todo es paz y sosiego,
el alma se llena de aire
y das gracias al cielo.

Los pies siguen caminando
en silencio iba rezando,
de pronto en el camino
veo un espectáculo.

Es una mariposa
con sus bonitos colores,
no puede alzar el vuelo,
ella se lo propone.

Me fijo en sus alas lindas
son tres las que ella tiene;
pienso ¡qué raro es esto!
a ver qué es lo que sucede.

Después de observarla un rato
continúo caminando,
con la certeza que es Dios
quien me ha hecho este regalo.

Poco a poco voy llegando
al punto que yo quería,
a lo alto de una loma
donde todo se divisa.

Es un sitio precioso
donde se recrea la vista,
miras alrededor
de allí todo lo admiras.

En esta época del año,
todo es color del oro
salpicado con otros tonos
que da gusto mirarlo.

Es tan bonito todo
que el corazón se ensancha,
no pudiendo por menos
al Señor darle gracias.

Por darte oportunidad
a pesar de lo que pasa
poderlo disfrutar
con alegría en el alma.

Deseada libertad

Salimos de la ciudad
con ansias de libertad,
llegas al pueblo querido
tus deseos ya son realidad.

Sientes en tu interior
una tremenda emoción,
valorando mucho más
lo vivido en otra ocasión.

Muchos años llevo ya
viniendo a este pueblo,
siempre lo he disfrutado
ahora yo, lo quiero.

Con tantas restricciones
por el *covid* traicionero,
te acuerdas de otros tiempos
y buscamos vivir lo añejo.

A pesar de todo esto
he podido volver de nuevo,
en mi alma he sentido
mucha alegría al verlo.

Colmada de ilusión
me presento aquí de nuevo,
con ganas de libertad
para gozarlo de lleno.

Dos paseos llevo ya,
tres días son los que llevo,
ya he podido disfrutar
de algún acontecimiento.

El reencuentro con sus gentes,
de paseo por sus huertos,
y otras lindas caminatas
donde se abren los cielos.

Dejando que tus ojos vean
lo que está bajo su techo,
si sabes mirarlo bien
el alma se llena por dentro.

Miras alrededor
admiras lo de lejos,
entonces te sientes libre
y das gracias al cielo.

Bendita Naturaleza

Bajo el cielo empedrado
de nubes juguetonas,
sentada en una cima
disfruto el aire y los aromas.

Rodeada estoy de plantas,
tomillo, manzanilla,
espliego y jaras,
todas están en el campo,
sus aromas me embriagan.

Salgo de paseo de casa
después de rezar un rato,
veo comiendo a lo lejos
tranquilamente a un gamo.

Pasea por los rastrojos
del trigo ya segado,
se siente muy tranquilo
comiendo lo que ha quedado.

Un rato lo he contemplado
cómo se mueve en libertad,
le miro muy contenta
gozo del paisaje y su serena paz.

Es todo tan bonito
que es un gran espectáculo,
el cielo lleno de nubes,
debajo, el suelo dorado.

Con su fauna salvaje
con sus flores silvestres,
con una suave brisa,
el horizonte te envuelve.

Los ojos no se cansan
de mirar a uno y otro lado,
pues quieren descubrir
aquello que está aislado.

Porque siempre te llevas
una grata sorpresa,
que inesperadamente
regala la naturaleza.

Cada día que salgo
por los mismos parajes,
siempre hay algo nuevo
que me voltea la sangre.

Termino dándole gracias
a Aquel que lo creó,
porque nadie ha hecho nunca
lo que nos da y nos dio.

Bondadoso con su Creación
nos la pone delante,
para disfrutar todos
con admiración constante.

Perfecta compañía

Cuando paseo por el campo
en tu compañía Señor,
mi alma se siente libre
sin ataduras en mi interior.

Tengo tiempo de pensar
en las cosas del corazón,
analizo lo que siento
para darle una razón.

Estos días estoy viviendo
momentos de inquietud,
por las noticias que llegan
de acontecimientos de salud.

Al verme paseando
con esta paz tan grande,
disfruto del entorno
la libertad, el sol y el aire.

Me acuerdo mucho de aquellos
privados de libertad,
solos o enfermos
sin poderlo disfrutar.

Me siento privilegiada
de vivir estos momentos,
el caer de la tarde
viendo al sol descendiendo.

Pronto se esconderá
detrás del horizonte,
y llegarán las sombras
haciéndose de noche.

Tiempo de analizar
todo lo vivido,
también para darte gracias
por todo lo recibido.

Hoy me has dado tanto
que no puedo enumerar,
desde la mañana temprano
hasta la tarde sin parar.

Para rematar el día
me das capacidad,
de escribir lo que siento
compartiendo con los demás.

Feliz Navidad

Celebremos con alegría
el nacimiento de nuestro Dios,
dos mil veinticuatro años hace
que en un pesebre nació.

A unos pobres pastores
la noticia se les dio,
para que fuesen alegres
a adorar al salvador.

Llenos de alegría fueron
también con expectación,
pues todo lo revelado
les llenó de conmoción.

Nosotros también ahora
en nuestra situación,
hagámoslo con alegría
la que sale del corazón.

No nos quedemos solo
con lo externo de la función,
es mucho más profundo
lo que en el establo pasó.

Nació el Salvador
Hijo de Dios Creador,
para dar su vida entera
como víctima y Redentor.

Estemos todos alegres
y vivo el corazón,
para soportar las penas
de este mundo traidor.

Aunque es maravilloso
lo que Dios nos ofreció,
nos empeñamos destruir
por el odio y la tensión.

Por eso vino al mundo
para traernos el amor,
el que el hombre perdió
desobedeciendo a su creador.

¡Viva la Navidad!
viva el hombre de bien,
que sabe agradecer
lo que Cristo hace por él.

Que todos nosotros aquí
reunidos en fraternidad,
realmente sintamos
el amor, la alegría y la paz.

Peña Amaya

En el año dos mil veintiuno
el veintiséis de agosto,
mi hijo nos llevó al campo
para así poder desahogarnos

y descansar un poco
del ajetreo cotidiano,
para cambiar la mente
y el cuerpo, más sano.

Temprano me levanté
para hacer los apaños,
con todo mi cariño
para luego alimentarnos.

A las diez salimos
con todo preparado,
dispuestos a disfrutar
del nuevo día regalado.

Íbamos muy contentos
a disfrutar del pasado,
han corrido muchos siglos,
aún algo ha quedado.

Según íbamos avanzando
hacia el lugar deseado,
la alegría era grande
y el gozo iba aumentado.

El destino, Peña Amaya,
donde vivieron romanos,
para hacerse fuertes y duros
y así poder conquistarnos.

Pasamos por Sasamón
un pueblo de mucha historia,
en tiempos de la conquista
era cabeza y gloria.

Un pueblecito pequeño
al que le llaman Amaya,
con mucho orgullo lleva
el nombre de su montaña.

Llegamos a una explanada
donde aparcamos el coche,
nos apeamos de él
dispuestos a subir el monte.

Ya desde allí arriba
el horizonte miramos,
mostrándonos bellas vistas,
corazón y mente colmados.

Subimos una pendiente
bastante acentuada,
aunque subíamos despacio
el corazón se cansaba.

Al llegar a lo alto encontramos
otra explanada más ancha,
en la parte más alta topamos
con la bonita Peña Amaya.

Hay que subir hasta la cima
y armarse de valor,
el camino es empinado
hay que echarle corazón.

De esto traíamos mucho,
empezamos a subir,

por senderos de cabras
que nos hacían sufrir.

Conquistada por fin la cima
con una alegría inmensa,
te ofrece tal espectáculo
que olvidas todas las penas.

Subidos a lo más alto
contemplando el horizonte,
te das cuenta del esfuerzo
y compensa subir al monte.

Estuvimos allí un rato
disfrutando como enanos,
fotografiándolo todo
para llevarnos su encanto.

Comenzamos la bajada
era menos cansado,
las rodillas resentidas,
seguíamos caminando.

De nuevo en la explanada
con el corazón contento,
a la sombra de una peña
nos comimos el sustento.

Allí solos estábamos
viendo los buitres planear,
era todo un espectáculo
en su hábitat natural.

Con una suave brisa
el sol ya calentaba,
el murmullo del pastor
y el sonido de las vacas.

Decidimos regresar
al pueblo de Sasamón,
para ver sus monumentos
que la historia nos dejó.

Para ver tres monumentos
llegando al pueblo paramos,
el arco de una ermita
y dos puentes romanos.

Después de verlo bien
y de todo recrearnos,
llegamos hasta el pueblo,
a la plaza principal entramos.

Allí descansamos un poco
paseamos por sus calles,
a las cuatro y media pedimos
que nos trajeran las llaves.

Para que abrieran la Iglesia
que en su día fue catedral,
con el paso de los años
en iglesia quedó sin más.

La vimos toda por dentro
nos contaron sus avatares,
visitamos aquel claustro
digno de las catedrales.

Todo lo disfruté
me gusta mucho el arte,
cuando me encuentro *in situ*
me traslado a lo de antes.

Fuimos a otra ermita
llamada Humilladero,

donde se expone una cruz
que venera el viajero.

Después de verlo todo
y disfrutar de sus calles,
cogimos de nuevo el coche
para admirar otro arte.

Cuando llegamos al lugar
nos llevamos gran sorpresa,
encontramos un museo
en plena naturaleza.

La fachada espectacular
todo era diferente,
y en nuestra admiración
veíamos lo evidente.

Enseguida vino un hombre
el artista de todo aquello,
con mucha sencillez
nos lo mostró por dentro.

Hablamos con el artista
vive allí en solitario,
allí es donde se inspira
para luego así plasmarlo.

En piedra y madera
y en lienzo pincelado,
dejando a la vista todo
aquello que ha pensado.

Su firma es "Salaguti"
por todo el mundo paseado,
enseñando su talento
el que Dios le ha regalado.

Nos despedimos de él
después de estar un buen rato,
disfrutando de su arte,
sobre todo, de su trato.

Regresamos a nuestra casa
con el día terminado,
dándole gracias a Dios
por el día disfrutado.

Motivación personal

Cuánto tiempo hace
que no te visitaba,
aunque te veo siempre
desde mi ventana.

He decidido venir
porque necesitaba,
pasear por el agua
y tu arena dorada.

He venido decidida
pero un poco cansada,
en cuanto he llegado
me he metido al agua.

La playa estaba llena
de turistas y los de casa,
todos muy contentos
disfrutando a sus anchas.

Me he puesto a caminar
por la orilla junto al agua,
disfrutando de las olas
que a los tobillos llegaban.

Anduve toda la orilla
sin descansar un momento,
iba rezando el Rosario
por todos los enfermos.

Me acordaba mucho de ellos
de los que estaban en sus casas,
doloridos y muy tristes
por lo que no disfrutaban.

Al terminar el paseo,
como era lo que quería,
me limpié toda la arena
y al autobús me subía.

Pensé hacer un recorrido
hasta llegar al centro,
donde bailaban danzas
de comarcas y de pueblos.

Estuve un rato mirándolas
hasta que me entró el desmayo,
hacía mucho que no comía
y el estómago molestando.

Decidí regresar a casa
para poder comer algo,
pues sé que así se me pasa
y de nuevo tengo garbo.

Esta fue la tarde mía
de este domingo de fiesta,
aunque la viví sola
vine a casa contenta.

Por haber vivido todo
aquello que yo quería,
disfrutando en silencio
las cosas de la vida.

Regalo otoñal

Eran tantas las ganas
que sentía dentro de mí,
que me animé yo sola
para poderlo vivir.

A los trece años dejaba
mi terruño muy amado,
con el alma dolorida
llorando nos alejamos.

Han pasado muchos años
cincuenta y nueve ya contados,
recordando todos ellos
los otoños cálidos, dorados.

Por fin he podido cumplir
este deseo y lograrlo,
volver a mi pueblo querido
después de tiempo tan largo.

Volver a ver sus montañas
sus olivos y castaños,
los madroños con sus frutos
sus colores dispersados.

He pasado cuatro días
caminando por sus campos,
por la orilla de sus ríos
sus caminos de castaños.

Daba gusto verlo todo
el cielo radiante y claro,
el sol calentando el día
y al pisar las hojas, sonando.

El fruto caído en el suelo
según íbamos caminando,
nos hacía gozo cogerlo
igual que atrás en años.

He podido recordar
lo que de niña viví,
no me ha defraudado nada
y me siento muy feliz.

De haber tenido la gracia
de poderlo disfrutar,
en compañía de mi hermana
y sobrino una vez más.

Las gentes como siempre
amables y acogedoras,
demostrando su alegría
hacia nuestras personas.

Ese cariño expresado
junto a otras muchas cosas,
ha sido regalo divino
para vivirlo en persona.

Por eso le doy las gracias
a Dios por hacerme capaz,
de ser decidida y dispuesta
y de tener voluntad.

Para poder desplazarme
aunque sea con dificultad,
porque al fin vale la pena
de lo que vas a disfrutar.

Vacaciones, agosto 2021

Estas vacaciones pensaba
tenerlas muy tranquilas,
sin salir del pueblo nada
para cubrir las costillas.

De ese maldito virus
que a todos trae de cabeza,
con el miedo en el cuerpo
tranquilos no nos deja.

He tenido para mí
maravillosas sorpresas,
he podido visitar
lo bonito de otras tierras.

Gracias a mis hijos
que gustan de la historia,
he podido disfrutar
fuera de mi querida Hontoria.

Fuimos a Cantabria
tierra maravillosa,
con sus lindos valles verdes,
y su bahía esplendorosa.

Fue un día maravilloso
vivido con hijos y nietos,
todos llegamos a casa
con ilusión y contentos.

Otro día fuimos a Burgos
visitamos su catedral,
verdadera maravilla
que te hace suspirar.

Una experiencia preciosa
aunque la tengo conocida,
es verdadero placer
verla y recrear la vista.

Visitamos las canteras
de Hontoria, la hermosa,
para verlas *in situ*
grandes y esplendorosas.

De esas canteras sacaron
las piedras más deseadas,
para hacer catedrales
grabando en ellas el alma.

Pues todo el mundo que tenga
mínimo de sensibilidad,
sabrá apreciar en ellas
el arte y la capacidad.

De todos aquellos canteros
que supieron expresar,
la inteligencia tenida
y en sus manos habilidad.

Otra tarde también salimos
para poder variar,
de las tareas diarias
y así poder descansar.

Pues cambiando de ambiente
el cuerpo se relaja,
la mente también
y por supuesto, el alma.

Esa tarde fuimos a ver
el pueblecito de Lara,

que vive con su pasado
en la ladera de su montaña.

Disfrutamos del atardecer
de esos que inflaman el alma,
que te dejan las retinas
sin pestañear y pasmada.

Visitamos una ermita
de las más antiguas de España,
por su arte visigótico
en la piedra labrada.

Esta piedra también es
de cantera hontoriana,
sacada de sus entrañas
por su blancura calcárea.

También un dolmen vimos
cinco mil años de antigüedad,
a pesar de tantos siglos
allí está para admirar.

La forma que tenían
aquellos hombres de enterrar,
a sus seres más queridos
para mejor poder honrar.

Como tierra de mucha historia
en ella quisieron habitar,
hay huellas de dinosaurios
que también puedes admirar.

Las hay por muchas partes
por aquí hay muchas más,
parece ser que el terreno
les era de desear.

Pasamos muy bien la tarde
la disfrutamos con gozo,
viniendo ya para casa
divisamos varios corzos.

Eso fue el remate
de una tarde tranquila,
el pueblecito, las huellas,
el dolmen y la ermita.

Todo cargado de historia,
naturaleza bonita,
contentos y renovados
llegamos a casita.

No satisfechos con esto
salimos al día siguiente,
a Poza de la Sal fuimos,
cuna de Rodríguez de la Fuente.

Primero fuimos a Oña
villa muy interesante,
cargada de mucha historia
de reyes y condestables.

Tiene una hermosa Abadía
habitada por los frailes,
de orden benedictina
que San Benito fundase.

En ella están enterrados
destacados personajes,
el Rey Sancho II el Fuerte,
varios condes e infantes.

Después de visitarlo todo
saciados de historia y arte,

fuimos a comer al río
que fluye entre rocas gigantes.

Paseamos un ratito
por la orilla del río,
saciados ya de todo
de nuevo nos dirigimos.

Esta vez hacia unas cuevas
llamadas los Portugueses,
cavadas en la roca
a través de las paredes.

Al penetrar en ellas
recordé otras que vi,
fue en la Capadocia
y enseguida allí me fui.

Me trajeron buenos recuerdos
de aquel día que viví,
fue todo maravilloso
y lo mucho que aprendí.

En este lugar que estamos
es bastante diferente,
entre las paredes de cuevas,
baja un pequeño torrente.

Con aguas cristalinas y frescas
que alegra mucho el ambiente,
dando al lugar un *estatus*
tranquilo sereno y alegre.

Pasamos un buen rato
de todo disfrutamos,
después de refrescarnos
contentos lo dejamos.

Para seguir la ruta
que habíamos programado,
que era llegar a Poza
para verlo y disfrutarlo.

Pasamos por las salinas
para subir a lo alto,
visitar el castillo
que nos estaba esperando.

En otra ocasión llegué
y no fui capaz de treparlo,
ahora sí he podido
con atrevimiento y agrado.

No quería dejar pasar
esta nueva oportunidad,
de subir hasta allí arriba
y poder así admirar.

Esas grandes vistas
que te ofrece el lugar,
todo el valle de Bureba
sembrado de cereal.

Una vez conseguido el reto
había que bajar,
me temblaban las rodillas
bajaba sin mirar.

Por fin llegué abajo
con orgullo y placer,
pues había conseguido
subir la gran pared.

Volvimos de nuevo al coche
para hacer el regreso,

pasando por las salinas
para ver todo aquello.

Es una cosa curiosa
verlas cerca del pueblo,
allí se ganaban muchos
el jornal para el sustento.

Ahora están cerradas
de momento de recuerdo,
están al aire libre
para aquellos que quieran verlo.

Seguimos la visita
llegamos hasta el pueblo,
es una villa bonita
a donde llega el viajero.

Curioso por verlo todo
y descubrir el centro,
donde se puede ver
la efigie del hijo predilecto.

El gran Doctor y Zoólogo,
Félix Rodríguez de la Fuente,
hace unos cuantos años
se mostró al mundo diferente.

Transmitiéndonos a todos
el amor a los animales,
el amor que él sentía
mostrando documentales.

Esa pasión le llevó
a un fatal desenlace,
muriendo en un accidente
haciendo un reportaje.

Emprendimos el regreso
todos contentos a casa,
llegamos muy cansados
pero muy llena el alma.

Por todo lo vivido
por todo lo experimentado,
por lo tanto, por todo ello,
doy gracias a lo creado.

Por todos estos días
de sorpresas continuadas,
y de haber podido hacer
aquello que no esperaba.

Gracias Señor te doy
desde el fondo de mi alma,
por todas estas cosas,
que Tú siempre me regalas.

Aunque duela la "esperanza" que no se pierda

Cuantas veces en la vida
decimos frases como ésta,
todos estamos expuestos
a cualquier cosa que venga.

Desde hace mucho tiempo
vivimos una tragedia,
la pandemia del coronavirus
de momento, nos libramos de ella.

De nuevo llegan las fiestas
las del año las más bellas,
esperamos con ilusión
y con alegría nueva.

A pesar de la situación
que tenemos en la tierra,
nos hace gozo reunirnos
con limitaciones impuestas.

Queremos seguir disfrutando
de nuestro cariño y presencia,
el tiempo se marcha pronto
a través de las estrellas.

Este fin de semana
que juntos viviremos,
me gustaría que fuese
para recordar lo nuestro.

Las cosas que hemos vivido
las cosas que vivimos,
las buenas y las malas
que hemos compartido.

Aunque el presente sea
un tanto indefinido,
tenemos que darle aire
a todo lo ocurrido.

Y coger por los cuernos
al toro que está de camino,
aunque algunos nos hieran duro
luchemos con nuestro sino.

Siempre con Nuestro Señor
a nuestro lado caminando,
para darnos las fuerzas
con su amor y sus manos.

Pues sólo junto a Él
cogidos de su brazo,
podremos llegar al puerto
tranquilos, sanos y salvos.

El Amor no tiene precio

El amor de la familia
lo más grande que tenemos,
por eso hay que cuidarlo
como tesoro sin precio.

Hoy estoy muy gozosa
de que estéis aquí conmigo,
alrededor de la mesa
preparada con cariño.

Hace mucho que no lo hacía
por todo lo que ha ocurrido,
por fin estamos todos
juntos y reunidos.

Celebrando la unidad
el amor y el cariño,
queriéndonos mucho más
en estos tiempos torcidos.

Son tiempos muy difíciles,
de pandemias y de guerras,
el mundo se ha vuelto loco
y quiere echarlo por tierra.

El bienestar conseguido
y la paz que deja huella,
en el corazón del hombre
que tiene buena conciencia.

Quiero deciros a todos
aquí estoy para ayudaros,
mientras Dios me de las fuerzas
en todo lo que pueda daros.

Pues para mí lo sois todo
lo más querido y amado,
que Dios nos dé la gracia
de estar juntos muchos años.

Hilo que no se rompe

Es un gozo para mí
presentarme ante vosotros,
para deciros que os quiero
y que os llevo siempre dentro.

He nacido en este pueblo
cómo bandera lo llevo,
siempre que tengo ocasión
de él me enorgullezco.

Pues corre por mis venas
esa sangre extremeña,
que siempre está sintiendo
los valores de esta tierra.

Con trece años marché
con mis padres y hermanos,
dejando nuestras raíces,
desconsolados y llorando.

Muchos años han pasado
y mucho hemos vivido
a pesar de todo ello,
aquí lo llevo conmigo.

Es tanto lo que nos une
que he querido contarlo,
a través de mis sentimientos
en un libro lo he plasmado.

Es un libro muy sencillo
pero grande y estimado,
pues todo lo que lleva dentro
son sentimientos vibrados.

Cada vez que os visito
es para mi un gran gozo,
admirar estos paisajes
y el reencuentro con vosotros.

Se me ensancha siempre el alma
abro muy bien los ojos,
para llevarme conmigo
vuestro amor tan cariñoso.

Todo eso me hace sentir
unida a esta tierra,
la que tanto amo y quiero
y la querré hasta que muera.

Aunque he vivido lejos
siempre seré extremeña,
porque llevo en mi sangre
lo mejor de esta tierra.

A todos os doy las gracias
siempre por vuestra acogida,
cada vez que vengo aquí
me siento bien recibida.

Por disfrutar del paraíso
y tener vuestro cariño,
que a pesar de los años
lo hemos mantenido.

Quiero tener un recuerdo
para los que ya se han ido,
aunque los llevo en el alma
han dejado un gran vacío.

Porque todos fueron nobles
de corazón sencillo,
por eso quiero tanto
a Cadalso, mi pueblo querido.

Siempre te llevaré en el alma
siempre estarás conmigo,
junto a ti, a tus gentes,
las que caminan contigo.

Con todos sus quehaceres
con ilusión y coraje,
para seguirte cuidando
cada día y cada instante.

Conductas dolientes

Hay conductas en el hombre
que no puedo comprender,
a veces te hacen daño
y no sabes el porqué.

Creemos que hacemos bien
aquello que decimos,
lo vemos tan normal,
no le das otro sentido.

Pero siempre sale alguien
dando vuelta a lo dicho,
dejándote pasmada
con aquello que ha creído.

Procuras hacer las cosas
lo mejor que sabes hacer,
miras por los demás
para hacerles todo bien.

Pero sale el contrario
que te mira con desdén,
y te dice a la cara
te crees que lo haces bien.

Te quedas anonadada
escuchando esas palabras,
no sabes qué contestar
humillada bajas la cara.

Presente y pasado

Hontoria es para mí
un pueblo muy querido,
a él me trajo un día
uno de sus buenos hijos.

Juntos hemos vivido
hasta que Dios ha querido,
dejándome de regalo
a tres buenísimos hijos.

A los que hemos transmitido
el cariño por Hontoria,
lo mismo que ellos hacen
con los suyos ahora.

Lo que siempre me ha gustado
desde entonces hasta ahora,
es la libertad que respiras
por su campiña acogedora.

Sus anchos campos abiertos
sin alambradas ni ataduras,
donde viven los animales
libres sus aventuras.

Las gentes de Hontoria son
sencillas y acogedoras,
con las que me siento siempre
querida y dispensadora.

Transmitiéndoles lo mismo
mi cariño y buen hacer,
sintiendo junto a ellos
siempre ganas de volver.

Por eso año tras año
hemos venido a este pueblo,
desde el día de mi boda,
a Hontoria yo lo quiero.

Siempre ha ido aumentando
un cariño muy profundo,
hasta el punto de sentirme
parte del pequeño mundo.

Pues lo llevo muy adentro
y siempre lo llevaré,
porque en él nació el hombre
al que quise y querré.

Aunque no está presente
lo llevo sobre mi piel,
recordando siempre contigo,
lo que viví aquí junto a el.

Fueron muchos los momentos
de tranquilidad y de placer,
paseando por tu campiña
abriendo alma, corazón y piel.

A Dios le doy las gracias
por el regalo que me hizo,
poderte conocer,
y a tus queridos hijos.

Lugar especial

Hontoria es para mí
fuente de inspiración,
no sólo con la vista
también de corazón.

Desde que la vi
de ella me enamoré
de sus amplios horizontes
con su brisa me embriagué.

Año tras año he venido
a disfrutar de esta tierra,
poco a poco me fue atrapando
como hacen las estrellas.

Aunque es poco tiempo
lo que disfruto de ella,
cuando tengo ocasión
lo vivo muy posesa.

Procuro pasear
por sus senderos y tierras,
con paso firme camino
embriagándome con ellas.

Admiro sus trigales
dorados por el sol,
a los gamos comiendo
de aquello que quedó.

Hay días maravillosos,
otros de frío o calor,
por las tardes sobretodo
se viste de luz y color.

Con esos atardeceres
que sólo Dios creó,
regalo que nos hace a todos
para alegrar el corazón.

Sus gentes son amables
te llenan de atención,
también te dan su cariño
acogiéndote en su población.

Estas y otras cosas
son las que me llenan a mí,
por eso cuando vengo
me siento muy feliz.

Vuelvo a marcharme de nuevo
con idea de volver,
si no me faltan facultades
así lo pienso y lo haré.

El cariño que tengo a Hontoria
lo llevo dentro de mí ser,
pues aquí nació el hombre
que me dio todo su ser.

Él fue el primero
quien me la dio a conocer,
desde entonces yo la quiero
con orgullo y placer.

Reunión de Amigos

Una vez más nos reunimos
a celebrar la amistad,
que hace años entablamos
llegados de otro lugar.

A lo largo de este tiempo
se ha afianzado mucho más,
hasta el punto de sentirme
de los vuestros, con mucha paz.

Hemos formado un gran grupo
de cariño y de unidad,
compartiendo todo aquello
lo que alegra y hace llorar.

Nos hemos entregado todos
de corazón y humildad,
consiguiendo con todo ello
una sincera amistad.

Todos sois para mí
amigos de verdad,
lo habéis demostrado siempre
acogiéndome en vuestro hogar.

Cada vez que voy a ellos
a encontrarme con vosotros,
siento dentro del alma
alegría, contento y gozo.

Pues sé que cada uno
me dais de lo vuestro,
lo que más hondo está
dentro de vuestro pecho.

Yo también trato hacerlo
daros todo lo bueno,
lo que Dios me hace sentir
y juntarlo con lo vuestro.

Por eso en este día
de tanto regocijo,
quiero daros las gracias
por contar de nuevo conmigo.

Me siento muy feliz
con vosotros y vuestros hijos,
compartiendo todos juntos
aquí con tantos amigos.

Le pido a Nuestro Señor
que os mantenga siempre unidos,
para así seguir dándonos
vuestro amor, luz y cariño.

El Señor os ha elegido
para hacer ese camino,
lo sabéis llevar a muchos
con gracia y dinamismo.

Gracias queridos amigos
por todos estos años,
por lo que nos habéis dado
para mí y mi marido.

Dios quiso regalarnos
unos buenos amigos,
para ayudarnos mucho
al andar nuestro camino.

Espero seguir así
compartiendo nuestras cosas,
aunque los tiempos cambian
vivamos del ahora.

Y sigamos adelante
para seguir disfrutando,
de nuestras reuniones que a veces
terminan riendo y llorando.

Orgullo de madre

Orgullosa me sentía
ayer con mi familia,
al verlos rodeando
la mesa y la comida.

Hace tiempo que tenía ganas
de juntar a todos de nuevo,
después de muchos obstáculos
pude reunirme con ellos.

Han cambiado muchas cosas
desde que eran pequeños,
ahora han crecido mis hijos
y mucho también mis nietos.

Ya no es como era antes
que siempre estaba lleno,
cualquier día de la semana
mi hogar al venir a vernos.

Todo era alegría
al tener esos encuentros,
ahora también lo son
pero echamos mucho de menos.

A aquellos que ya no están
que pronto se nos fueron,
pero están en el corazón
sin apartarnos de ellos.

La vida va pasando
se presentan nuevos retos,
caminamos hacia adelante
con esperanza en todos ellos.

Pedimos a Dios ayuda
que nos dé fuerza suficiente,
para seguir luchando
en el futuro y el presente.

Pues a veces se van los ánimos
y perdemos la alegría,
al ver que el mundo gira
entre guerras y tonterías.

Por eso valoro mucho
reunir a la familia,
para seguir manteniendo
como el tejido de puntilla.

El hilo va tejiendo
una obra muy bella,
cuando llegas al final
la mira satisfecha.

Eso es lo que yo quisiera
mantener en esta vida,
una obra que esté llena
de cariño y de caricias.

Dejando un gran sendero
de paz y amor sincero,
para que puedan andar
aquellos que yo más quiero.

Gozosa experiencia

Gracias te doy mi Señor
por traerme de nuevo a tu tierra,
¡deseaba tanto volver y
caminar de nuevo por ella!

Varios años hace
que vine por vez primera,
entonces fue para mí
una gran experiencia.

Ahora has vuelto a traerme
para visitar de nuevo,
estos Santos lugares
con amigos y mi nieto.

Quiero decirte Señor
que todo lo vivido es bueno,
los sentimientos me abruman
luchando entre ellos.

Unas veces de alegría
otras de tristeza por dentro,
pensando en todo aquello
que la mochila lleva dentro.

Unos días pesan más
otros son más ligeros,
pero siempre te invoco a Ti,
para ser mi compañero.

Estos días que estoy viviendo
con tantos amigos nuevos,
caminamos todos juntos
compartiendo sentimientos.

Sentimientos todos buenos
que Tú nos haces sentir,
del lugar donde naciste
y donde te diste por mí.

Gracias Señor por las cosas
que nos has regalado aquí,
en Tú tierra elegida
para gozar y sufrir.

Quiero llevarme a mi hogar
la experiencia aquí gozada,
de haber podido volver
y visitarte en tu propia casa.

147

A pesar de todo

Qué bonita es la vida
a pesar del sufrimiento,
cuando llegas a un lugar
tranquilo como esto.

El cielo está celeste
de un color intenso,
el agua del manantial
fresca como el hielo.

El murmullo del torrente
es dulce melodía,
donde recobras la calma
y ordenas bien el día.

A pesar de este momento
que estoy disfrutando,
tengo el corazón triste
por los que no disfrutan tanto.

Muchos hay de momento
que viven un tormento,
soportando el dolor
de aquello que llevan dentro.

Con humilde misericordia
me solidarizo con ellos,
sintiendo dentro de mi ser
lágrimas y desconsuelo.

En estos momentos tristes
que hoy estoy viviendo,
quiero pedirle a Dios
por todos los enfermos.

Por todos aquellos que sufren
de alma y también de cuerpo,
pidiéndoles que se pongan
en manos del Dios bueno.

Pues sólo Él es capaz
de aceptar todo lo nuestro,
y hacernos sentir alegría
aunque estemos muriendo.

En este remanso de paz
te encuentras contigo mismo,
y coges de nuevo valor
para salir del gran abismo.

Disfrutando de todo aquello
siempre que podamos,
agradeciéndole a Dios,
lo bueno y lo malo.

Bonito día

Son las siete de la tarde
de un día caluroso,
a la orilla de un río estoy
bajo un árbol frondoso.

Miro alrededor
siento paz y sosiego,
con el ruido de las gentes
y el agua corriendo.

Las aguas del Arlanza
abundantes y claras,
invitan al visitante
a sumergirse y probarlas.

Los niños son los que más
quieren disfrutarlas,
con su tierna juventud
y con todas sus ganas.

La tarde está apacible
el sol esconde su cara,
la poza queda tranquila,
cantando bajan sus aguas.

Contento porque ha cumplido
desde siempre su cometido,
regar la tierra sedienta
y saciar a los vecinos.

De este bonito pueblo
al que hoy hemos venido,
para admirar sus calles
y su bendito río.

Nos vamos todos contentos
por el día que hemos vivido,
unos más sedentarios,
otros más divertidos.

Pero todos satisfechos
regresamos a nuestro pueblo,
recordando este día
tan bueno y soberbio.

Cada uno lo ha vivido
según sus sentimientos,
segura de que han abierto
corazón y entendimiento.

Dejándote una huella
impregnada en las pupilas,
que tardará un tiempo
en perderse en la rutina.

Sueño de Amor

A veces la nostalgia
nos lleva mucho a pensar,
en momentos del pasado
que nos hicieron disfrutar.

Estos días han sido
nostálgicos para mí,
de pronto estoy contenta
y me siento muy feliz.

Al pasar por un bar
de pronto me sorprendí,
descubrí a mi marido
sentado frente a mí.

Tan grande fue la alegría
que a él me dirigí,
para saludarle y decirle
¿qué haces tú aquí?

Nos dimos un fuerte abrazo
con cariño y confianza,
empezamos hablar de todo,
volvimos a unir las almas.

Comenzamos a besarnos
enamorados los dos,
estaba que me salía
de alegría y de emoción.

Tan fuerte sentía yo
esa inmensa sensación,
que la mente despertó
y me vi en mi habitación.

Todo había sido un sueño
pero un sueño de amor,
que me hizo sentir de nuevo
esa grata sensación.

Al ver a mi hijo le dije:
con tu padre he soñado,
ha sido un sueño bonito
y con mucha sensación.

Teníamos previsto salir
para hacer una excursión,
me dice que piense
adónde quiero ir yo.

No me salía nada
de pronto descubrí,
ir al pueblo de Tinieblas
donde pasé una tarde feliz.

Mi hijo me dio el gusto
fuimos hacer el camino,
no encontrábamos a nadie
todo forma un paraíso.

De lágrimas silenciosas
los ojos me llenaron,
al sentir la realidad
de la ausencia de mi amado.

No sé si es coincidencia
el sueño y el deseo ansiado,
he pasado bonita tarde
con mi familia recordando.

Aquella tarde preciosa
que juntos los dos disfrutamos,
viendo al pueblo en sus tareas
y nosotros alegrarnos.

"Promesa sincera"

Este día que termina
lo quiero festejar,
agradeciéndole a Dios
que lo pueda yo contar.

Esta mañana temprano
ahogándome desperté,
me faltaba todo el aire
como pude me levanté.

Salí a andar por el pasillo
llegué hasta la cocina,
me agarré a la fregadera
buscando una salida.

De pronto conseguí
que un hilo de aire entrara,
a la cavidad pulmonar
para que yo respirara.

Fueron segundos de angustia,
nunca me había pasado,
cuando por fin respiraba
di gracias al Dios loado.

Mucho miedo me daba
volver sin más a la cama,
la experiencia había sido
demasiado ingrata.

Volví a quedarme dormida
más tarde despertaba,
me acordé perfectamente
lo que en la mañana pasara.

Me levanté preocupada
fui a la farmacia,
viendo las orejas al lobo
me importaba como estaba.

Más tarde acudí al médico
le conté lo que pasaba,
con atención delicada
me auscultó pecho y espalda.

Parándose a decir
que no me pasaba nada,
que siga el tratamiento,
y me vine para casa.

Caída ya la tarde
salí a pasear,
por caminos de las huertas
que me gusta mucho andar.

Empieza a meterse el sol
se refleja en las nubes,
como un gran pintor deja
precioso cuadro de luces.

Me pongo a contemplar
el cielo transformado,
de tonos azules, amarillos,
grises, blancos y morados.

De repente un pensamiento
acude a mi cabeza,
he pasado de la oscuridad
a lo blanco y su belleza.

Sé que el Señor me ha probado
por algo que he prometido,
y ha querido que sienta
lo que hoy yo he vivido.

Quiero decirle al Señor
que soy mujer de palabra,
sí una cosa prometo
procuro a cabo llevarla.

En esta ocasión mucho más
necesito de su amor,
para conservar las fuerzas
si llega la ocasión.

Encuentro entusiasta

Un fin de semana
en el cielo estaba yo,
compartiendo con hermanas
el amor de nuestro Dios.

El Señor nos ha reunido
venidas de varios lugares,
para hacernos ver a todas
que todos somos iguales.

Cristo en la Cruz se nos dio
para redimir a los hombres,
todo el que acude a Él,
recibe gracias y honores.

Cuánta pena me da, Señor,
al ver tantas almas perdidas,
sin saber adónde van
buscando y aturdidas.

Sin saber lo que buscan
se encuentran con la caída,
en el fondo más oscuro
y no hallan la salida.

Muchas por Tu Divina Gracia,
ven la luz en sus almas,
al encontrarse contigo
recobrando así la calma.

Esa calma que llena
el corazón y el alma,
devolviéndole la vida,
sosiego, paz y esperanza.

Gracias Señor yo te doy
por las gracias recibidas,
ha sido un fin de semana
fructífero para mi vida.

He recuperado fuerzas
para seguir caminando,
ofreciéndole al hermano
lo que Tú me has regalado.

Alegría y Dolor

Un gran amigo tengo
que el Señor me regaló,
llegado de muy lejos
Perú es donde nació.

Después de muchos avatares
el Señor lo presentó,
al llegar a la parroquia
Nuestra Señora de la Asunción.

Venía muy cargado
de amor y de ilusión,
dispuesto para todo
y a entregarse con ardor.

Enseguida conectamos
por su sencillez y candor,
y por todo lo que traía
dentro de su corazón.

La vida no ha sido fácil
ha tenido que sufrir,
lo que el Señor le ha mandado
para poderse pulir.

Igual que un diamante en bruto
sale de su cantera,
el Señor le va modelando
para pasar la frontera.

El camino se hace largo
con lloros y grandes penas,
eso también le pasa
a la mujer cuando espera.

A que nazca su hijo
con esperanzas nuevas,
cuando ya lo ve en sus brazos
después de tanta tragedia.

Tan bonito y tan perfecto
se olvida de toda ella,
al verlo entre sus brazos
feliz con la vida nueva.

Así me imagino yo
el paso por esta tierra,
luchando como jabatos
para llegar a la nueva.

Aunque nos duela mucho
andar este camino,
el Señor nos está esperando
donde está nuestro destino.

No perdamos la esperanza
estemos siempre contentos,
aunque nos duela todo
como a Cristo en el madero.

Él confió plenamente
en el amor de su vida,
no tengamos nunca miedo
de acercarnos a la salida.

Confiando siempre en Dios
y en su gran acogida,
pues somos hijos de Él
aquí y en la otra vida.

Mi Parroquia

A mi parroquia querida
Nuestra Señora de la Asunción,
le dedico esta poesía
con el alma y corazón.

Muchos años hace
que a ella me presenté,
con mi familia querida
para poderme ofrécer.

Enseguida me acogieron
como la abeja a la miel,
de ella he recibido
mucho de lo que sé.

Me ha dado alegrías
lágrimas también,
pero todo ha servido
para avanzar y aprender.

Ahora vivo un momento
de gracia y de interés,
con fuerzas muy profundas
para poder atender.

A aquellos que necesitan
alegrías también,
dispuesta estoy a hacerlo
con paso firme lo haré.

Que el Señor me acompañe
de su mano cogida iré
Él es quien me da las fuerzas,
para poderlo hacer.

Estamos en tiempo de Adviento
cerca la Navidad,
entre alegrías y penas
el mundo esperando está.

A que el hombre se retracte
y deje ya de luchar,
contra el designio de Dios
no tiene las de ganar.

Nosotras amigas todas
debemos celebrar,
la Navidad autentica
la que nació en el portal.

Hagámoslo con alegría
festejémoslo con la paz,
demostremos al mundo entero
que eso es la Navidad.

Tesoro escondido

Dentro de mi alma tengo
un tesoro escondido,
el amor a mi amado,
nuestro Señor Jesucristo.

Él me da la fuerza
la esperanza y la alegría,
y el andar por este mundo
con su divina compañía.

Todos los días procuro
vivirlos con alegría,
sabiendo que está conmigo
y que no me dejaría.

Él es el amigo fiel
que nunca te abandona,
quien te da todo,
su divina misericordia.

Está deseando dársela
al que se acerca a Él,
porque a todos, ¡nos ama tanto!
aunque le hagamos padecer.

Siempre que no hacemos
lo que debemos hacer,
confiar en su promesa
que lo podemos tener.

Llenándonos siempre por dentro
de todo su amor y su ser,
el mayor regalo posible
para aquel que lo quiera creer.

Yo Señor sí que quiero
llevarte siempre en mi ser,
cuando estoy a tu lado
me siento otra mujer.

Como niña me cobijo
eso quiero yo creer,
aunque a veces no lo haga
como bien debiera de ser.

Por eso Señor te pido
que me ayudes a crecer,
para llevarte en mi alma
con alegría, amor y fe.

Y con fuerza, mucha fuerza,
para poderte defender,
contra el maligno que tienta
al hombre y a la mujer.

Desde el principio lo hizo,
y así sigue y seguirá,
tentando al ser humano,
moviendo su mezquindad.

Para exterminar lo bueno
justicia, amor y paz,
enfrentando así al hombre,
con guerras y frialdad.

Frialdad en los corazones
para poder justificar,
la ambición que los corroe,
aunque tengan que matar.

El mundo está temblando
por esta barbaridad,
la que estamos viendo todos
y que se puede agravar.

Si el hombre no corrige
su manera de actuar,
sólo teniendo a Dios
es como se puede avanzar.

Conseguir el mundo nuevo
que con lucha quieren lograr,
solo eso se alcanza
con justicia, amor y libertad.

Con éstas y otras cosas
el mundo cambiará,
nunca será posible
si se sirve a Satanás.

Equivocación del hombre

Cuántas tragedias Señor
tenemos en este mundo,
unas son naturales
otras del hombre inmundo.

Creo Señor que son peor
las que hacemos nosotros,
por la ambición que tenemos
de gobernar a los otros.

Todos ansiamos tener
en cierta medida,
el poder y el mando
para cambiar las vidas.

Eso es lo que lleva
a enfrentarnos a todos,
al tener otras ideas
saliendo del mismo tronco.

El árbol tiene las ramas
todas son diferentes,
aunque salen del mismo lado
no las hace muy coherentes.

Unas son torcidas
otras enquistadas,
otras son muy buenas
que son las que dan la talla.

La vida del hombre es lo mismo
nacimos del Creador,
con dignidad divina
y semejantes a Dios.

Hasta ahí todo muy bien
pero vino la tentación,
por el Príncipe de la Mentira
que se reveló contra Dios.

Desde entonces el hombre ha sido
tocado por el dolor,
por la envidia y el coraje,
llevado a la traición.

Ése es el germen malo
que anida en el corazón,
de aquellos que no se atreven
a vivir con orden y amor.

Se empeñan solamente
en crear separación,
en todas las almas buenas
sólo por su ambición.

Ambición que si no es saciada
lleva a la confrontación,
y así llega lo malo,
la ruina y la destrucción.

Aunque todo esté a la vista
el hombre mantiene su
condición, el que es ambicioso
y tirano,
cree tener siempre la razón.

Ataca como quiere y puede
arrasando la creación,
incluyendo a inocentes
que no tienen salvación.

Pero aquí está la gracia
la diferencia de los dos,
que el Señor acoge a todos
pero no al pecador.

Por eso hermanos míos
hermanos en el Señor,
confiemos en la Misericordia
que nuestro Dios nos regaló.

A pesar del sufrimiento
que causa tanto dolor,
tengamos la certeza
que Cristo nos salvó.

Como es tan generoso,
su poderosa mano extendió,
hasta el más perverso y malo
para librarlo del dolor.

Ese dolor Eterno
que nunca descansará,
si no te arrepientes antes,
de corazón y con sinceridad.

Oscuridad del hombre

¿Cómo es posible Señor,
que el hombre se degrade tanto?
¿que haga leyes perversas
y aceptar el asesinato?

De asesinar hay mil maneras
hay que tener estómago,
y una mala conciencia
que te impulse a lograrlo.

Esas pobres personas
que creen que saben tanto,
sólo son instrumentos
del Príncipe de los Malvados.

Se adueña de todos ellos
para así poder lograrlo.
conseguir lo que quiere
destruir lo creado.

Todo esto es una lucha
desde el principio de los tiempos,
Satanás se reveló
contra su Dios y dueño.

Luego sedujo al hombre
para así poseerlo,
y poder hacer con él
lo que con él hicieron.

Siento en mi alma Señor
fuerte dolor sincero,
al ver a estas personas
que jalean lo perverso.

Tú eres el Dios de la vida
a todos nos redimiste,
muchos te niegan Señor,
no saben lo que hiciste.

Aunque ellos renieguen de Ti
Tú siempre tiendes la mano,
porque sabes Tú muy bien
lo que ellos se están jugando.

Por eso esperas Señor
con paciente misericordia,
a que se acerquen a Ti
y disfruten de tu gloria.

Te pido por todos ellos
para que abran sus almas,
para que salga de ellos
aquel que tan mal les manda.

Y que quieran servirte a Ti
como Tú lo demandas,
para que sientan la paz
la paz que Tú nos regalas.

Corpus Christi

Amado Cuerpo de Cristo
con nosotros te quedaste,
en la Hostia Consagrada
porque así lo deseaste.

Si el mundo entero supiera
lo que Tú nos ofreces,
ansiarían tu mirada, tu amor
tu bondad y misericordia ardiente.

Estás tan lleno de eso
que esperas amorosamente,
a los que van por el mundo
perdidos sin conocerte.

Ábreles los corazones
ábreles sus cegueras,
que se acerquen con amor a Ti
para vivir en la Tierra.

Corpus Christi bendito
escucha nuestro ruego,
al que no te conozca
siembra tu semilla en ellos.

Experiencia Africana

Bajo la sombra de un árbol
los aldeanos esperan
para ser bien atendidos
por médicos y enfermeras.

Todos están con paciencia
mientras el turno les llega,
allí todos callados
con respeto y solera.

Mientras ellos esperan
los niños juegan en el campo,
van y vienen corriendo
contentos y saludando.

Es una vida sencilla
la que están llevando
con mucha libertad
alegría y desparpajo.

Lo que más me gusta de ellos
su sonrisa y ojos africanos
que brillan como luceros
de su hermoso cielo estrellado.

Nos han acogido a todos
con mucho agradecimiento,
compartiendo su cultura
desde el primer momento.

Nos queda poco tiempo
de estar junto a ellos
y despedirnos pronto
de nuevo estar muy lejos.

Terminará mi experiencia
que con ilusión esperaba,
disfrutando mucho de ella
sintiéndome identificada.

Con todo lo que ellos viven
porque lo he vivido yo,
en mi tierra extremeña
cuando era mucho menor.

Por eso no me ha extrañado
su forma de vivir,
me ha gustado mucho
con ellos compartir.

Esta nueva experiencia
ha servido para mí.
para recordar el pasado
donde me sentía feliz.

A pesar de la escasez
que todos teníamos allí,
nos sentíamos contentos
pensando en el porvenir.

Al igual que estas personas
que quieren hoy salir,
de su querida tierra
y su amado país.

Buscan nuevos horizontes
y un mejor porvenir,
lo mismo hicieron mis padres
para mejor subsistir.

Nosotros lo conseguimos
otros lo intentan y mueren,
dejando detrás su vida
tierra, ilusión y queridos seres.

Feliz Aniversario de Boda

En el día de vuestro aniversario
os quiero felicitar,
desearos que en adelante
os queráis un poco más.

Cuarenta años hace
muchos son, es verdad,
pero cuando hay amor
es una felicidad.

Os deseo que paséis
otros muchos a la par
y sigáis tan unidos
como hasta ahora o más.

Pues no hay nada más bonito
ni nada mejor sentir
que el cariño de un marido
para poder sonreír.

Sonreír con alegría,
con miras al porvenir,
aunque sea estar juntos
para poder compartir.

Lo bueno y lo malo
lo agrio y lo suave,
pero siempre juntos
para ir adelante.

Disfrutando de la vida,
de las cosas sencillas
como el amor de tus hijos
y de todas tus amigas.

Pues compartir con todos
engrandece nuestra vida,
encontrando en todo ello
la felicidad y dicha.

Le pido a Dios que os dé
muchos años todavía
para vivir siempre juntos
y en muy buena armonía.

Dedicada a dos buenos amigos.

Bodas de Oro de mis consuegros

En este día radiante
estamos celebrando,
con alegría y gozo
vuestros cincuenta aniversarios.

Desde aquel bendito día
en que el Señor os unió,
fue para vosotros
una gran bendición.

Aunque ha pasado el tiempo
y de todo se ha vivido,
veros aquí unidos
nos llena de regocijo.

Me encuentro muy contenta
de que estéis con vuestros hijos,
rodeados de los nietos
y contado conmigo.

Quiero daros las gracias
por teneros como amigos,
aunque también soy familia
por compartir vuestro hijo.

Al unirse a mi hija
con el Santo Sacramento,
y regalarnos los hijos
que un día tuvieron.

Os pido que sigáis así
contentos y unidos,
para ejemplo de todos
y para vosotros mismos.

Pensad que es gracia divina
el manteneros unidos,
llegar hasta aquí ahora
después de tanto camino.

Os doy mi enhorabuena
y todo mi cariño,
le pido a Dios por vosotros
que os mantenga siempre unidos.

Aunque a veces os enfadéis
que seáis como los niños,
que al momento lo olvidéis todo
y os miréis con cariño.

~

Dana maldita

Veintinueve de octubre
de dos mil veinticuatro,
noche fatídica,
para los valencianos.

Se estaba en alerta,
no se esperaba tanto
la tragedia acechaba
a todos los humanos.

La noche pasó lloviendo,
muchos no nos enteramos,
otros estaban hasta el cuello,
de agua y mucho barro.

Llega la mañana,
temprano nos levantamos,
para salir de viaje
a ver a mis hermanos.

De pronto suena una alarma,
dice que no salgamos,
viene una DANA maldita,
arrollando todo a su paso.

Mi hija y yo indecisas,
con la duda de salir
o de quedarnos.
Resolvimos por fin salir
y decididas embarcamos.

Emprendimos el viaje
con ilusión preparado,
para irnos hasta el norte
a estar con mis hermanos.

Empezamos bien el viaje,
no muy alegres marchando
por culpa de la tragedia
que detrás íbamos dejando.

Un poco temerosas
íbamos avanzando,
la DANA amenazaba
aunque se iba alejando.

Poco antes de Zaragoza
llega dándonos palos
fueron momentos tensos,
los fuimos superando.

Llegando por Pamplona
ya había aflojado,
saliendo tímido el sol
para así acompañarnos.

Poco a poco se establece,
normalidad en el campo
permitiéndonos disfrutar
de montañas y de prados.

Prados verdes y empinados,
árboles rojos y dorados,
ríos de abundantes aguas,
era un gozo admirarlos.

Llegamos a nuestro destino
con sentimientos encontrados,
alegría por el encuentro
pena por lo dejado.

No sabíamos el alcance
de todo lo que había pasado,

hasta llegar a casa
y ver el telediario.

Fue tan grande el impacto
de las imágenes mostradas
que sentí en todo el cuerpo
la ansiedad no deseada.

Tratamos de evadirnos
todo lo que podíamos,
para disfrutar todos juntos
sobrinos, cuñados y hermanos.

No podíamos permitir
después de tiempos alejados,
que impidiese la pena
lo que más deseábamos.

La estancia ha sido corta
pero Dios nos ha regalado,
unos días preciosos
para poder disfrutarlos.

Hemos aprovechado a tope,
todo lo que hemos hallado
la alegría de mi familia
y como siempre, su tendida
mano.

El regreso fue precioso,
con un tiempo de verano,
el otoño en pleno apogeo.
en montañas y en los prados.

Todo formaba un entorno
digno de ser alabado y

dando gracias a Dios,
a Valencia hemos llegado.

Sabiendo que la tragedia,
continua en nuestros pueblos
quedando ante nosotros
mucha lucha y descontento.

Recuerdos del pasado y presente

Veintiún años yo tenía
cuando vine por vez primera,
a conocer este pueblo
Hontoria de la Cantera.

Con mucha ilusión venía
de la mano de un buen chico,
que pocos días antes
se convirtió en mi marido.

Veníamos muy contentos
a conocer el pueblo,
saludar a sus gentes
especialmente a los nuestros.

Visitamos a la familia,
primero a los abuelos,
después a los tíos
empezando por el pequeño.

Junto a él su mujer estaba
metida en las faenas,
atendiendo a sus ganados
con ilusión y con fuerzas.

Dos días sólo pasamos
aquella vez primera,
después vinieron muchos
conociéndonos de cerca.

Tía y yo estábamos juntas
por ser la que estaba cerca,
compartíamos charlas
sentadas ante la puerta.

Como debía ser ha sido
el cariño fue creciendo,
a través de los años
se hizo fuerte como el viento.

Todavía está con nosotros
Dios así lo ha querido,
para que podamos verla
y disfrutar su cariño.

Muchos años tiene ya
y con todos los sentidos,
se puede hablar con ella
de todo lo vivido.

Es una vida muy larga
la que lleva en su camino,
con alegrías y penas
con sus hijos recorrido.

Ahora está de nuevo
pasando unos días aquí,
he tenido la gran suerte
de verla y ser feliz.

El cariño hacia ella
es más que el día que la vi,
Dios así lo ha querido
y hemos llegado hasta aquí.

Espero y deseo poder
que nos volvamos a ver,
como todos estos años
desde el día aquel.

Que con tanta ilusión
vine por primera vez,
a conocer el pueblo
y a la familia también.

25 aniversario del grupo de gimnasia

Veinticinco años hace
que la aventura emprendimos,
sin saber que nos traería
hasta este momento mismo.

Empezamos con ilusión
alegría y dedicación,
sabiendo que ayudaba
a nuestra superación.

Hemos venido con ganas
días de mucho dolor,
pero siempre al juntarnos
nos hemos sentido mejor.

Al compartir nuestras cosas
unas buenas, otras no,
la vida nos ha traído
alegrías y dolor.

Eso es muy normal
porque somos mortales,
aunque queramos lo bueno
hay que aceptar los males.

En estos muchos años
hemos disfrutado tanto…
compartiendo la gimnasia
para poder arreglarnos.

Hoy estamos aquí
celebrando el acontecimiento,
sin olvidarnos de nadie
de todas las que se fueron.

Muchas estuvieron
con ilusión aquí,
compartieron con nosotras
risas, sueños y su sentir.

Ahora somos las que somos
seguimos aquí estando,
aunque no somos ya jóvenes
seguimos con entusiasmo.

Aunque nos duele todo
continuamos aquí luchando,
como auténticas jabatas
para arreglarnos algo.

No tiremos la toalla
aunque nos cueste hacerlo,
con voluntad y esfuerzo
lo vamos consiguiendo.

Debemos darle gracias
a nuestro Dios verdadero,
que nos acompaña siempre
para conseguir el reto.

Pidámosle de nuevo
que nos siga ayudando,
para poder continuar
hacer lo que queremos.

Reunión Familiar Feliz

Hoy me he levantado pronto,
no sabía por dónde empezar,
de pronto me viene una idea
y la quiero plasmar.

Me pongo a escribir
sin saber lo que saldrá,
confío en el Señor
que Él me ayudará.

Me ha inspirado una joya,
grande de Navidad,
para vivirla yo
y compartir con los demás.

Esa era mi idea
desde hace unos días ya,
por fin me ha salido y
y la voy a recitar.

A todas mis compañeras
de uno y otro lugar,
para que disfruten todas
de lo que el Señor me da.

Una vez que la he escrito
leo con satisfacción,
no puedo por menos dar gracias
a nuestro Dios y Señor.

Por esta perla y otras,
que siempre me regala,
para que las comparta,
con todos los que me aman.

Estos días también estoy
bastante ajetreada,
pues salgo mucho a cantar,
con el coro y la rondalla.

Es un motivo bonito
para darle a Dios las gracias,
nos lleva a los enfermos
para alegrarles el alma.

El ocho de diciembre
celebré la Inmaculada,
reuní a todos mis hijos
a comer a mi casa.

Me sentía muy feliz
preparando las viandas,
estaba muy contenta
viviendo lo que festejaba.

Como soy muy cabezota
y no quiero que me tuerzan,
he vuelto a la tradición
de cuando era pequeña.

Era el día de la madre
el día de la propuesta,
la que el ángel Gabriel le hizo
a María nazarena.

Sí quería ser la Madre
del niño que viniera,
para salvar a los hombres
de todas sus miserias.

Ese es el fundamento
del día de la Inmaculada

y no la que proponen,
los que quieren tener ganancias.

Se acerca la Navidad,
la gente se vuelve loca,
comprando sin ton ni son
para comer y en otras cosas.

O salir a los Hoteles
con alegría y gozo,
me parece todo bien
si no se olvidan de lo otro.

Navidad también es
compartir con el hermano
aquello que podamos
aunque cueste un poco darlo.

Estoy contenta y relajada
no siento la presión,
de tener comida en casa
¡todo ha subido un montón!

No me siento animada
procuro llevarlo bien,
con sosiego y con calma
pensarlo y después escoger.

Espero que lo que haga,
a todos les venga en gana,
haciéndolo con amor,
todo está bueno en casa.

Voy a seguir haciendo
aquello que haga falta,
para que estemos a gusto
dentro de mi morada.

Pensando en los que se fueron,
también los llevamos dentro,
queremos seguir celebrando
con ellos lo que es bueno.

Pensando y confiando
que están todos en el cielo,
disfrutando con nuestro Dios
y que un día nos veremos.

Hoy es domingo tercero,
Tercera semanas de Adviento,
con esperanza nueva
celebramos el encuentro.

Cantando con alegría
el nuevo advenimiento,
esperando al Señor,
con el corazón abierto.

La tarde la pasaré en casa
descansaré del ajetreo,
me siento muy cansada
y quiero estar de nuevo.

Para seguir en campaña
haciendo lo que puedo
con alegría y ganas
y disfrutar de lo bueno.

Petición con amor

A ti madre querida
acudo con amor,
a pedirte que nos cuides
con el alma y corazón.

Muchas cosas van pasando
a nuestro alrededor,
ayúdanos a mitigar
la angustia y el dolor.

El mundo es maravilloso
está lleno de color,
el hombre se empeña siempre
en sembrar tragedia y horror.

Lo bonito que es amar
dar siempre sin esperar,
eso llena por dentro
de esperanza y mucha paz.

Lo contrario es lo otro
estar siempre enfadado,
ansiando todo aquello
que el otro ha logrado.

El hombre es ambicioso,
se llena de poder soberbio,
aplasta al que tiene algo
consiguiendo todo ello.

No importan los que mueran,
ni sembrar mucha tragedia,
sólo importa el poderío
que consigas en la guerra.

Tantos son los desplazados
huidos de su propia tierra,
con el alma rasgada y rota,
se despiden muchos de ella.

Dejando toda una vida,
maridos y familias,
el enemigo ha llegado
a imponer su avaricia.

Sin saber si volverán
a disfrutar de su tierra,
de momento el corazón
roto lo llevan por ella.

Te pido también Señora
por los que están enfermos,
clavados en la cruz,
la que todos llevaremos.

Ayúdales Madre mía
en esos momentos,
llena sus corazones,
de amor y esperanza por dentro.

Que se acuerden de tu Hijo
muerto en cruz crucificado,
se agarren a Él con fuerzas
para así poder salvarlos.

Buenos amigos míos
están hoy crucificados,
esperando tus caricias,
con tu sonrisa consolarlos.

Pues todos tus hijos somos,
de la madre siempre esperamos,
una sonrisa amable
y la apertura de sus brazos.

Y como niños sentir
ese cariñoso abrazo,
de alegría y de perdón
que la Madre sabe darnos.

Perdona Madre querida
que te pida tanto, tanto,
siento en mi pecho el dolor.
de lloros y quebrantos.

Por todo lo que el mundo sufre
aunque es maravilloso,
ayúdanos Madre mía
a seguir caminando.

A pesar de las tragedias,
que el mundo está pasando
danos siempre la esperanza,
de saber que estás a nuestro lado.

Y que a pesar de todo
de todos nuestros fallos,
siempre estás dispuesta
a acogernos en tus brazos.

Transmitir alegría

¡Qué bonito es cantar!
cantar para las gentes,
cuando cantas de corazón
llega a todos los presentes.

Se unen en un lazo
el que canta y el oyente,
sintiendo dentro de sí
alegría y gozo persistente.

Todo esto quería yo
vivirlo desde siempre,
Dios me ha dado la gracia
de gustar la música y quererle.

La primera vez que oí
cantar a la rondalla,
dije para mí
me gustaría acompañarla.

No pensé en ningún momento
formar parte de la algarada,
un día una amiga dijo
¡vamos a ver lo que pasa!

Aquí estoy con vosotros
cantando con toda el alma,
agradecida a todos
por la acogida desinteresada.

Gracias por la oportunidad
por la acogida sana,
y gracias al director
por sus buenas enseñanzas.

Tenga mucha paciencia
luche hasta que salga,
pues vale bien la pena
su esfuerzo y confianza.

Estamos en Navidad
un año más celebramos,
cantando con alegría
a pesar de lo pasado.

Todos tenemos penas
seres queridos marchado,
la alegría también es grande
pensando que están a su lado.

Al lado del Niño Dios
y del padre que lo ha creado,
también padre de todos
si seguimos a su lado.

Con alegría y regocijo
quiero daros las gracias,
por hacerme sentir bien
como estando en mi casa.

Disfrutando con vosotros
todas las enseñanzas,
de nuestro buen director
don Gerardo y su banda.

Que Dios nos dé salud
para seguir aprendiendo,
y así llevar a todos
lo que llevamos dentro.

La alegría y el amor
que sentimos hacia ellos,
el que Dios nos regaló
para llevarles consuelo.

A todos los que sufren
y a los que están buenos,
la música regenera
y nos alegra el cuerpo.

Sana nuestras penas
aunque sea de momento,
seguimos adelante
y caminamos de nuevo.

Siempre con la esperanza
de ver un cielo nuevo,
donde la música no acaba
junto al Dios Verdadero.

¡FELIZ NAVIDAD!

Vanidad, Sí o No

Cuantas veces en la vida
se impone la vanidad,
como somos egocéntricos
los halagos son lo más.

Nos gusta que nos digan
¡qué guapa estás!
aunque tú no lo crees
y lo quieres disculpar.

En el fondo es un halago
que no puedes disimular,
y piensas en tu interior
pues, ¡es la vedad!

Poco a poco vas cayendo
en el vacío superfluo,
poniendo más interés
de lo que antes habías hecho.

Cuando llevas tiempo así
dejándote arrastrar por ello,
vas sintiendo un vacío
del camino que es el bueno.

Caminas por la calle
con aire de gallo hueco,
diciéndote interiormente
¡que guapa estoy y cómo
me muevo!

No sé si es bueno o malo
tener estos sentimientos,
a veces piensas que sí
otras te sientes perplejo.

Porque en el fondo sientes
alegría por dentro,
de verte como estás
todavía en estos tiempos.

A pesar de los años vividos
sentirte llena por dentro,
con todo lo que vives y
lo que estás haciendo.

Ilusiones tienes muchas
ganas también de hacerlo,
por lo que creo normal
tener estos sentimientos.

Aunque pienses que es orgullo
el sentir esto por dentro,
la humildad también la llevas
muy dentro de tu pecho.

Creo que el entusiasmo
con el que estás viviendo,
lo transmites a las gentes
con las que estás conviviendo.

Creo que no es orgullo
sino ganas de seguir viviendo,
con ilusión y verdad
transmitiendo lo que llevas dentro.

Hay que dar gracias a Dios
por seguir así caminando,
con alegría y esperanza
hasta que Él quiera llevarnos.

Mar de Dulzura

Cuando miro tus ojos Madre
veo un mar de dulzura,
que sonriendo me dices
tú eres mi criatura.

Yo me siento muy dichosa
emocionada por dentro,
siento gran alegría
y lloro de contento.

Al ver que me tiendes la mano
para que yo me coja a ella,
igual que hiciste con tu Hijo
en aquella amarga prueba.

Al ver que tú estás Madre
como mi madre de la tierra.
dispuesta siempre con cariño
para aconsejarme y no me pierda.

Quieres que disfrute mucho
de los regalos de esta tierra,
con el alma siempre limpia
como es la del que la hiciera.

En las cosas sencillas Madre
siempre está lo más bello,
tú nos lo enseñaste así
ahora lo dices desde el cielo.

Por eso siempre tú estás
a nuestro lado guiándonos,
para que seamos conscientes,
y disfrutemos lo creado.

Con el corazón limpio
que Dios nos ha regalado,
lo conseguiremos tener
si estás a nuestro lado.

Con tu sonrisa amable
con tu amor desorbitado,
diciéndonos siempre al oído
adelante hijo, que yo te amo.

Por eso Madre te traigo
este bonito ramo,
para darte las gracias
por todos tus regalos.

Madre de los Desamparados

Madre de los Desamparados
a tus plantas acudimos,
para pedirte que ayudes
a tus hijos queridos.

A todos por igual
pero más a los desvalidos
que, por tantas razones,
se encuentran perdidos.

Ayúdales madre querida
para que sientan tu amor,
y abran los corazones
como lo quiere el Señor.

Acógelos en tu divino pecho
para sentirse amparados,
por la Madre, Virgen y Reina,
de todos los que lloramos.

Y así tener la alegría
con nuestra madre querida,
de saber que nos acoge
siempre y para toda la vida.

A mi madre del Cielo

Aquí estoy Madre querida,
con cariño y humildad,
para traerte estas flores
por todo lo que nos das.

Nos diste a tu querido Hijo
el que nació en un portal,
para salvarnos a todos
del mundo y su maldad.

Yo con mi tierna inocencia
madre te quiero ofrecer,
mi oración por los que sufren
las guerras y el dolor en su piel.

Por todos aquellos que como yo
son niños también,
que por culpa de muchos
perdieron su niñez.

Acógelos madre mía
con tu sonrisa de amor,
devuélveles la alegría
dentro de su corazón.

Derrama también tus gracias
sobre aquellos que causan dolor,
en todos los inocentes
por culpa de su ambición.

Y ayúdanos a todos
a que seamos mejor
para vivir con alegría
junto a Ti y nuestro Señor.

Cristo de la Providencia

Cristo de la Providencia
a tus plantas venimos todos,
a pedirte de rodillas
que no nos dejes solos.

Sabemos que muchas veces
no nos merecemos,
tu protección infinita
por todo lo que hacemos.

Pero sabemos que eres
nuestro gran protector,
por eso acudimos hoy
a honrarte como Dios y Señor.

Confiamos en tu amor
a pesar de lo que somos,
a veces temerarios
en algunos de los modos.

Hoy venimos a Ti
amantes y confiados,
a pedirte todos juntos
que salgamos de este estrago.

Que la maldita pandemia
hace en los humanos,
con tu divino poder
esperamos así lograrlo.

Cristo de la Providencia
a Ti todos te clamamos,
por todos los ausentes
que en la vida te amaron.

Tenlos todos junto a Ti
por todo lo que te honraron,
y dales la paz eterna
para siempre a tu lado.

Los que vamos en marcha
síguenos ayudando,
a que seamos mejores
para hacer lo que podamos.

Para mejorar el mundo
que lo estamos matando,
vemos cómo se revela
contra los malos tratos.

Que el hombre por ambición
lo está estrangulando,
no pudiendo respirar
a todos nos está afectando.

Cristo de la Providencia
te suplicamos en este día,
que nos des entendimiento
para vivir nuestra vida.

Con honradez y respeto
a lo que nos rodea,
y seamos generosos
con el hombre y la tierra.

Ramillete de Amor

Hoy vengo Madre querida
ha entregarte con mucho amor,
las flores que llevo dentro
en el alma y el corazón.

Son flores muy sencillas
de dulzura y candor,
de inocencia limpia y pura
desprenden aroma embriagador.

Con ellas he formado
un ramillete de amor
para decirte Madre
que te llevo en mi corazón.

En este mes de mayo
venimos ante ti,
los niños de esta Iglesia
porque queremos decir.

Que Tú eres nuestra Madre
y te queremos servir,
con alegría y gracia
en todo el porvenir.

Queremos que nos ayudes
como eres buena madre,
a crecer siempre por dentro
para ayudar al semejante.

Adiós Madre querida
te dejo con este cante,
el cantar de los humanos
unido al de los ángeles.

Mirándote Señor

Mirándote estoy Señor
clavado en el madero,
con los ojos cerrados
pidiendo por todo el pueblo.

Tal vez pienses tú Señor,
qué lejos de mí os tengo,
quiero teneros más cerca
para daros mi consuelo.

El mismo que yo encontré
con mi padre Dios del cielo,
en los momentos más duros
cuando no tienes ni aliento.

Venid todos a mí
recostaros en mi pecho,
donde tengo yo la fuerza
para que entre en el vuestro.

Y así tengáis en vosotros
un trocito del cielo,
donde se respira amor
y todo lo más bello.

Quiero mostraros a todos
que lo grande del amor,
es entregarse entero
libre y sin condición.

Y cuando estés muy cansado
y las fuerzas te flaquean,
entonces acude a mí
con confianza y certeza.

Te abrazaré y te daré
aquello que tú deseas,
estar en mi regazo
con alegría y sin penas.

184

La llena de Gracia

Madre Inmaculada
a tus plantas me arrodillo,
para pedir protección
con humildad y cariño.

Venimos a traerte flores
cogidas en los caminos,
aunque las flores son bellas
más es lo que pedimos.

Pedimos por los hermanos
tristes, desconsolados,
haz que sientan la alegría,
de mecerse entre tus brazos.

Te pido por todo el mundo
que está desorientado,
ha perdido el horizonte
no sabe como encontrarlo.

Abre su corazón
a aquellos que lo han cerrado,
a tu amor Madre querida
y al amor de tu Hijo amado.

Por eso en el mundo hay
odio, rabia, desencuentros,
cosas que llevan al hombre
a morir mucho por dentro.

Ayúdanos a todos
querida Madre del alma,
a que abramos el corazón
y llenarlo con tus gracias.

Así poder sentir
la alegría soñada,
la que nos hace vivir
en paz y muy calmada.

Gracias Madre te doy
por ser afortunada,
por poder venir aquí
y pedírtelo a la cara.

Pedirte por aquellos
que están cerrados en casa,
cargando con su cruz
aligérales la carga.

Madre, todo mi amor te doy
por tus divinas gracias,
sobre tus queridos hijos
que siempre tú derramas.

Providencia eres Tú

Cristo de la Providencia
un año más celebramos,
con alegría y gozo
tu feliz aniversario.

Con humildad y ternura,
venimos arrodillarnos,
para pedirte que ampares
a los más necesitados.

Que en estos momentos pasan
como tú por el calvario.
dales fuerzas Señor
para poder sobrellevarlo.

Al mirar tu rostro triste
en la cruz enajenado,
siento en mi alma un pinchazo,
pienso ¡qué estarías pensando!

En esos momentos tan duros
que todos te hacemos pasar,
por nuestras malas acciones
sin poderlas reparar.

Tú Señor nos enseñas
que todos debemos llevar,
cada uno nuestra cruz
en la vida hasta el final.

Aunque sea dolorosa
en ti nos hemos de amparar,
pues nadie mejor que tú hay,
quien nos pueda consolar.

A ti acudimos todos
para visitarte y contar,
todas aquellas cosas
que en nuestro corazón están.

Alivia nuestras penas
llénanos de alegría,
para no olvidarnos nunca,
que eres nuestra masía.

Pues no hay otro lugar
mejor para descansar,
reclinado en tu santo pecho
como lo hizo San Juan.

El pueblo de Benimaclet
te queremos hoy cantar
y pedirte que nos llenes
de amor y felicidad.

A pesar de todos los males
que el mundo afectado está,
danos Señor a todos
fuerzas al caminar.

Para cuando llegue el día
de poder todos cantar,
junto a ti y el Poderoso
toda la eternidad.

Amor Divino

Nuestro Dios se manifestó
en Cristo Salvador,
vayamos a darle gracias
por entregarnos su amor.

Dios mío a ti me acerco
con todo mi amor y fe,
mi corazón yo te ofrezco
para que vivas en él.

En la cruz te abandonaron
hoy lo hacen también,
todas aquellas almas
que sólo buscan placer.

En las cosas terrenales
que se suelen perder,
porque son todas caducas
perdiendo siempre su ser.

Tú te quedaste Señor
como alimento del alma,
después de aquella entrega
tan dura y tan amarga.

Por amor te diste todo
lo hiciste muy convencido,
por amor te quedaste
en Sacramento Divino.

Reina del cielo

Virgen Reina y Madre
que al cielo subiste,
para interceder por todos
al Hijo que tuviste.

Dulce Madre María
tu nombre es pura sinfonía,
cuando lo nombro siempre
me calma y llena de alegría.

Tú eres madre del cielo
en la tierra siempre bendita,
por todos los hombres de bien
en esta tierra tan rica.

Que Dios nos regaló a todos
como prueba de su amor,
para ser felices siempre
adorando al creador.

A través del Hijo querido
Cristo Nuestro Señor,
engendrado en tu divino vientre
por mandato del mismo Dios.

Siempre le fuiste fiel
siempre con gran devoción,
entregada totalmente
y humilde colaboración.

Para que el Reino de Dios viniese
con poderío de amor,
en el Hijo que engendraste
por la gracia de nuestro Dios.

Gracias Madre querida
por tu entrega amorosa,
te diste toda entera
para ser la buena esposa.

Del Espíritu Santo,
para traer al Mesías,
y así poder salvarnos
Santa Madre, María.

Una vez consumado todo
lo que estaba predestinado,
Dios te llenó de gracias
para seguir cuidándonos.

Con el Padre y el Hijo,
y el Espíritu Santo
tú como Reina y Madre,
nos cubres con tu manto.

Nosotros como hijos
nos sentimos muy amados.
Por eso te damos gracias,
nos ponemos en tus manos.

Asunta Madre te llaman

Asunta madre te llaman
porque a los cielos subiste,
en cuerpo y alma nos dicen
por tu entrega y lo que hiciste.

Te ofreciste como madre
a recibir a Dios Hijo,
con humildad, sin reservas,
con ternura y cariño.

Por esa entrega de amor
tu hijo al morir nos dio
tu cariño de madre santa
el mismo que Él disfrutó.

Gracias Madre por darnos
todo tu inmenso amor,
a todos tus hijos queridos
que acudimos con fervor.

Para pedirte tu ayuda
y mucha comprensión,
sabiendo que eres madre,
la madre de nuestro Señor,

Estribillo:

Asunta madre te llaman
porque a los cielos subiste,
en cuerpo y alma nos dicen
por tu entrega y lo que hiciste.

"Arreglada para canción"

Amor de Niño

Mi corazón está henchido
de alegría y emoción,
al pensar que vengo madre
a compartirte mi amor.

Ese amor de niño
que está lleno de candor,
que sale puro y sencillo
de lo hondo del corazón.

Te traigo madre unas flores
te las traigo con mucho amor,
para darte infinitas gracias
por lo que siente mi corazón.

Gracias por darme otra madre
que me quiere con pasión,
y que me enseña a quererte
por ser tú la madre de Dios.

A ella quiero decirle
que se acerque también a ti,
para que sienta este gozo
el que yo siento por ti.

Es alegría muy grande
el poderte aquí decir,
¡Gracias madre querida!
¡Gracias por lo que recibí!

Por tu gracia divina
por el aire y flores del jardín,
por las cosas sencillas
y por tu amor, hacia mí.

25 Aniversario de bodas de Carmen Mir y Manolo

Queridos amigos,
en este día tan especial
el grupo de San Jacinto,
os queremos felicitar.

Daros también las gracias
por vuestro cariño y amistad,
por todos esos momentos
que hemos podido disfrutar.

Gracias amiga por tu
insistencia,
por querer a todas juntar,
y animarnos a seguir
en nuestro largo caminar.

Gracias por tu sonrisa
tan llena de bondad,
en ella se refleja
tu dulzura y sinceridad.

No la pierdas nunca
pues a mí en particular,
me sirve de advertencia
y me hace reflexionar.

Sé cómo hasta ahora,
constante y servicial,
cariñosa y alegre
para ejemplo de los demás.

Sigue siendo buena esposa
y madre ejemplar,
y verás tu recompensa
en el futuro sin dudar.

Pues ya sabes que Dios
a todos nos quiere llevar,
a disfrutar del banquete
que siempre dispuesto está.

Petición a las Santas - Alodía y Nunilón

Santas Alodía y Nunilón,
os pido de corazón,
que intercedáis ante el Creador
por España nuestra nación.

Por todos nuestros jóvenes
para que abran el corazón,
al Amor de los Amores
por ser nuestro Dios y Creador.

Al igual que vuestras almas
subieron hasta Dios
por haberos entregado
en cuerpo, alma y corazón.

Pedidle al Señor que arraigue,
en el alma de nuestra nación,
la paz y la concordia,
para vivir como hijos de Dios.

Peregrinación "Mariana"
España y Portugal

Paseando por Donosti
con mi hermana Victoria al lado,
entro en una Iglesia
y me encuentro un regalo.

En la puerta se hallaba
un letrero que decía;
"Peregrinación divina,
de Donosti a Andalucía".

Sevilla sería el centro
del gran acontecimiento,
a mí corazón llegó
la alegría de ese encuentro.

Allí se reunirían
personas de otros pueblos,
venidos de toda España
para disfrutar contentos.

No lo pensé dos veces
aunque estaría lejos,
pensé que era el momento
de unirme yo a ellos.

Dos cosas me movían
para vivir la experiencia,
celebrar la misericordia
y al fin conocer Sevilla.

Me vine pues a Valencia
toda decidida,
tendría que volver a Euskadi
para tomar la salida.

El dieciocho del diez
volví donde mi hermana,
para emprender el viaje
en Donosti de madrugada.

Salimos muy contentos
aunque un poco mosqueada,
por el estado de algunos
que allí se presentaban.

No se veían aptos
para tantas caminatas,
que según el itinerario
el viaje presentaba.

Ya desde el principio
salimos con retraso,
por culpa de una señora
que no respetó el horario.

Por fin todos reunidos
con nervios y medio enfadados,
arranca el autobús
poco a poco caminando.

Pasamos por la Concha
aunque estaba lloviznando,
se veía toda bella
con su agua del Cantábrico.

Era un espectáculo
ver esa maravilla,
desde mi ventana iba
contenta y a la expectativa.

Pues quería disfrutar
desde el primer día,

lo que el Señor nos diera
con serenidad y alegría.

Primera parada Zaragoza,
visitamos el Pilar,
la Virgen esperaba
en el trono de su altar.

Había sido su fiesta, en la
plaza se veían restos de flores
llevadas,
por sus hijos queridos,
con amor y alegría.

Allí celebramos la misa
el encuentro con el Señor,
pues era imprescindible
llevarlo en el corazón.

Fuimos pronto a comer
cerca había un restaurante,
como suele suceder,
no todos quedan conformes.

Reanudamos la marcha
camino de Ciudad Real,
cantando y rezando
hasta llegar a la ciudad.

Por el camino encontramos
paisajes dignos de mención,
aunque algunos decían
¡qué tierra de desolación!

Yo les decía que estaban
en un pequeño error,

que había que ver la belleza
también en esa situación.

En todo yo encontraba
la mano amable de Dios,
y así iba disfrutando
como pequeño gorrión.

Llegamos a la Ciudad
con retraso, como es natural,
un sacerdote joven
nos esperaba para enseñar.

Nos mostró su parroquia
y nos dijo dónde estaba,
el santuario mariano
que con interés se buscaba.

Había que subir una cuesta
muchos no se atrevían,
así que decidieron
coger la caballería.

Otros nos fuimos andando
pues estaba cerquita,
subiendo muy contentos
llegamos enseguida.

Entramos al monasterio
vimos la Virgen del Olvido,
y a su santa monjita
que se le había aparecido.

Ya se hacía tarde
el autobús no llegaba,
cerraron pues las puertas
preguntábamos donde estaban.

Por fin llegaron todos
encima con exigencias,
obligaron al del convento
que les abrieran las puertas.

Al final accedió a hacerlo
después de muchos intentos,
pues tuvo que pedir permiso
a las monjas que estaban dentro.

Una vez satisfecha
toda la curiosidad,
encaminamos de nuevo
al autobús para arrancar.

No era nada fácil
por la marcha que llevaban,
los nervios se calentaban
el mal humor afloraba.

Por fin se consiguió
reunir a todo el ganado,
se hacía ya de noche
el hotel estaba aguardando.

Llegamos un poco tarde
la cena estaba esperando,
sin sacar las maletas
corriendo fuimos a saco.

Después de cénar,
un tanto apresurado,
nos fuimos a descansar
nos lo habíamos ganado.

Me tocó de compañera
la que viajó a mi lado,
pronto nos conocimos,
vi lo que me había tocado.

Tenía que aceptarlo
llevarlo lo mejor posible,
aunque sabía muy bien
que me sería difícil.

Cienpozuelos se llama el pueblo,
donde pasamos la noche,
aunque la cama era buena
no así la consorte.

Me levanté muy pronto
para tener tiempo suficiente,
y dejar a la compañera
libertad para arreglarse.

A poco fuimos bajando
todos al desayuno,
después de saludarnos
nos fuimos uno por uno.

De nuevo en la carretera
todos muy animados,
emprendimos el viaje
dando gracias y rezando.

El tiempo era agradable
el paisaje fantástico,
cada uno a su estilo
lo iba disfrutando.

Esta vez íbamos directos
a un nuevo santuario,
al de la Virgen de la Cabeza
que está en un lugar muy alto.

Pasamos por Despeñaperros
un lugar muy conocido,
por sus abruptas montañas
llenas de arbustos y pinos.

Atravesamos Sierra Morena
reserva de linces y gamos,
y de grandes hondonadas
que encogen el estómago.

Después de dar muchas vueltas
el terreno así lo manda,
llegamos a lo más alto
donde está la explanada.

Allí majestuosamente
se encuentra el santuario,
dominando el horizonte
bendiciendo a los llegados.

Pasamos la mañana
admirando el lugar,
después de verlo todo
nos pusimos a rezar.

Después de haberlo hecho
y celebrar al Señor,
bajamos muy contentos
a comer a un mesón.

Donde todos muy unidos
después de la bendición,

comimos y bebimos
vino y la guarnición.

De nuevo al autobús
esto es una odisea,
pues para conseguirlo
es siempre una pelea.

Por fin ya todos dentro,
volvemos a la carretera,
pues vamos a visitar,
la Catedral nos espera.

Esta vez es la de Córdoba
Catedral cristiana y mora,
una joya sin igual
que a todos enamora.

Como siempre llegamos tarde,
bajamos del autocar,
nos dicen una hora
para poder visitar.

Eso es imposible
con lo lentos que van,
yo pienso enseguida
poco podemos disfrutar.

Es una pena muy grande
con el esfuerzo que hacemos,
por culpa de los parones
que por tonterías tenemos.

Lo primero que vimos,
fue la gran Catedral,
como mínimo era eso
lo que había que disfrutar.

Algunos no querían
ni siquiera entrar,
yo les dije entonces
es lo que venimos a admirar.

El que no quiera que no entre
pero no así los demás,
la guía sacó entradas
para los que querían entrar.

Entre ellos era yo
que quería disfrutar,
de nuevo la maravilla
que había visto ya.

Entonces fui con mi amado
la experiencia fue preciosa,
por eso en esta ocasión
quería saborearla toda.

Así lo hice contenta
admirando y contemplando,
la maravilla que el hombre,
hizo con habilidosas manos.

Tardamos más de lo previsto
no era para menos,
cerraban la Catedral
teníamos que marcharnos.

Salimos a la calle
por el patio de los naranjos,
nos reunimos unos cuantos
esperamos para juntarnos.

De pronto dicen que la guía
se estaba preparando,

para hacer otra misa
antes de marcharnos.

Empezamos a protestar
eso no era lo esperado,
porque ya era tarde
y estábamos cansados.

Sevilla estaba lejos
nos estaban esperando,
pensé en la mañana
en el bendito santuario.

Ya tuvimos el encuentro
con nuestro Señor amado,
por eso consideramos
que no era tan necesario.

Que mejor seguir camino
sin agobios ni quebrantos,
para viajar tranquilos
sin ningún sobresalto.

El sol estaba cayendo
la luz se apagaba,
sobre el río de Córdoba
los rayos iluminaban.

Lo poco que podía hacer
lo hice sin miramientos,
pues sólo quería ver
aquello que quería verlo.

Mientras íbamos al coche
con mi cámara de fotos,
iba fotografiando
lo que me llegaba a los ojos.

A pesar de los nervios
producidos por la presión,
traté de disfrutar
de todo aquel rincón.

Pues era mágico el ver
el entorno que rodeaba,
el murmullo de las gentes
y el esplendor de las murallas.

Conseguimos llegar
todos al autocar,
la guía enfadada
por tener que cambiar.

Los planes que a última hora
ella nos quería dar,
pero todos más conformes
decidimos marchar.

Se hizo un poco pesado
el trayecto lo hicimos de noche,
y no se disfruta igual
de día que de noche.

Cuando empezamos a divisar
Sevilla la trianera,
el corazón se me llenó
de alegría por esta tierra.

Como era de noche y tarde
fuimos al hotel derechos,
era de cuatro estrellas,
nos esperaban inquietos.

Una vez más fuimos todos
corriendo al comedero,

esta vez de buffet
cada cual se sirvió de ello.

Yo sólo comí un caldito
era lo que me apetecía,
todavía mi estómago
de la comida resentía.

Así que con sólo eso
me marché a la cama,
después de tanto ajetreo
estaba muy cansada.

Nos dieron habitación
en el quinto piso estaba,
con la misma compañera
en la 521 me instalaba.

Nos acostamos pronto
estábamos agotadas,
ella más que yo
por su estado y circunstancias.

Antes de dormir
echamos parrafadas,
que nos hacían muy bien,
a las dos nos animaban.

Como ella tenía asma
y en la cama se ahogaba,
con la ventana abierta
dormíamos
para que ella descansara.

Lo aceptaba resignada
pedía a Dios que descansara,

para descansar yo también
y levantarme por la mañana.

Pasamos la noche
relativamente pausada,
me levanté como siempre
la primera al alba.

Una vez nos arreglamos
bajamos a desayunar,
cada uno se ponía
con quién quería dialogar.

Todos ya desayunados
subimos al autocar,
con contento y armonía
nos disponemos a disfrutar.

De la alegre Sevilla
de la que tanto oí hablar,
y con tantas ganas
quería yo visitar.

Empezamos tempranito
había mucho que ver,
por el barrio de Triana
pisarlo fue un placer.

Después de ver callejuelas,
con tanta historia de ayer,
embriagados con su aroma
nos enamoramos de él.

De allí nos marchamos todos
a ver a la Macarena,
entramos en el recinto
donde estaba ella expuesta.

El Santuario era bello
todos lo admiramos,
también nos recibía
la Virgen del Rosario.

Después me dí cuenta
que detrás estaba ella,
la Virgen Macarena,
con su rostro sereno y bella.

Todos le hacíamos fotos
para tener su recuerdo,
y así poderla admirar
al estar en nuestros pueblos.

Seguimos caminando
por el centro de la ciudad,
a la plaza de España llegamos,
nos pareció una barbaridad.

A nuestros ojos aparecía
como una preciosidad,
que no podíamos por menos
dejar de suspirar.

Estuvimos admirando
cada uno de sus rincones,
donde quiera que miráramos
se alegraban los corazones.

Ya se hacía la hora y
teníamos que volver,
al hotel más temprano,
pues teníamos que comer.

A las tres en punto teníamos
la cita con el Señor,

en la Plaza de España
para recordar su Pasión.

Allí nos juntamos todos
con alegría y emoción
cantando por las calles
con la imagen del Señor.

Ondeando en lo alto
estampada en un blasón,
para que la vieran todos
y les abriese el corazón.

Al término de la fiesta
y visitar otros lugares,
nos fuimos muy contentos
a cenar a un restaurante.

Ya era de noche
todos íbamos andando,
de repente oímos música,
era la Virgen del Rosario.

Que salía por las calles
la llevaban paseando,
a hombros con gran cariño
cantando y bailando.

Nos alegramos muchísimo
para todos fue un regalo,
al ver allí a la Virgen
recibiéndonos con sus brazos.

Y todo eso en un día
que junto al Hijo hemos estado,
celebrando con El
su entrega en el Calvario.

Nos fuimos a cenar
con gran regocijo,
habíamos visto a la Madre
después de estar con su Hijo.

Cenamos muy contentos
y cuando salimos,
volvemos a ver a la Madre
de regreso a su cobijo.

Nos pusimos muy contentos
de tener tanta suerte,
nos quedamos hasta que entrara
allí entre las gentes.

Con gran alegría todos
entre música y vítores,
entró por fin la Señora
a descansar en los altares.

Nos fuimos todos contentos
al encuentro con el Señor,
pues había hora santa
llegamos a la bendición.

El encuentro con la madre
nos causó tanta alegría,
perdimos la noción del tiempo
para ir a la otra cita.

Regresamos al hotel
no cabíamos en sí de gozo,
llegamos reventados
pero el ánimo muy alto.

Al día siguiente salimos
al encuentro tan esperado,
era en la gran Catedral,
hacia allí caminamos.

Preparados para vivir
el encuentro con la Divinidad,
del Corazón de Cristo
que a todos nos quiere dar.

Por fin tuvimos el encuentro
con la Divina Misericordia,
al finalizar el acto
nos sentíamos en la Gloria.

Reunidos todos de nuevo
teníamos que alimentar el cuerpo,
en otro restaurante
con las gentes del encuentro.

La tarde nos daban libre
me junté con otras tres,
todas muy contentas
organizamos el paripé.

Hicimos el itinerario
de aquello que queríamos ver,
una vez convencidas
fuimos a por él.

Sacamos las entradas
para ir en barco por el río,
pensé que sería motivo
de mucho regocijo.

Después nos fuimos a ver
los Reales Alcázares,

a pesar de la carrera
llegamos demasiado tarde.

Como no pudimos entrar
subimos a la Giralda,
sólo lo hicimos dos
las otras estaban cansadas.

Una vez que bajamos
fuimos al embarcadero,
junto a la Torre del Oro
¡que de oro nada cierto!

A las seis y media montamos
todas con gran contento,
agradeciéndonos mucho
por el atrevimiento.

De ser capaces de ir
nosotras por nuestra cuenta
para poder vivir
bonitas experiencias.

El paseo fue fabuloso,
admirábamos lo nuevo,
no queríamos perder,
lo que estábamos viendo.

Terminamos el paseo,
nos fuimos siempre corriendo,
de nuevo a la Catedral
para el próximo encuentro.

La idea era cenar
aunque fuese corriendo,
pues queríamos disfrutar
otra experiencia de nuevo.

Esta vez queríamos montar
en un coche de caballos,
paseando por las calles
bajo la luz de los faros.

Y poder así mirar
los monumentos tallados
mostrando su esplendor
en la oscuridad iluminados.

Conseguimos un carruaje
pues ya se habían ido todos,
este señor nos llevó
canturreando solo.

Llegó a la Plaza de España
ya la habíamos visto,
causándonos admiración
con todo su contenido.

Pero ahora de noche
verla era un gran regalo,
el hombre nos hizo fotos
con alegría y encanto.

Después nos llevó al punto
donde terminó el recorrido,
dejándonos orientadas
para seguir el camino.

Como era un poco pronto
y prisa no llevábamos,
decidimos todas juntas
de nuevo acercarnos

a la orilla del Guadalquivir
para volver a contemplarlo,

esta vez por la noche
para ver su nuevo encanto.

Cuando llegamos a él
de nuevo con entusiasmo,
nos dijimos enseguida
¡qué bien que nos bajamos!

Esto no se ve todos los días
y aquí estamos ahora,
disfrutando de la noche
con la dulce melodía.

Que el ambiente nos regala
con sus luces de colores
reflejados en el agua,
para llenar los sentidos
y de alegría el alma.

Regresamos al hotel
las diez y cuarto eran,
todas muy alegres,
sobre todo, satisfechas.

Pues habíamos disfrutado
de una tarde muy buena,
y podíamos presumir de
Sevilla, la muy bella.

Con tantas emociones
no me podía dormir,
y al día siguiente
teníamos que partir.

Me levanté como siempre
con tiempo y tesón,

para prepararlo todo
despacio y atención.

Después del desayuno
cogimos el autobús,
y con algún retraso
salimos con inquietud.

Un viajero se quedó
por no encontrarse bien,
el resto se embarcó
cargaditos también.

Salimos contentas de nuevo,
para vivir más experiencias,
que si Dios así lo quiere
serán todas muy buenas.

Esta vez nuestro chófer
con alegría y tesón,
nos lleva al Rocío,
cantando su canción.

En camino nos persiguen,
las veredas rocieras,
la que todos los años viven,
los que van contentos por ellas.

Nos llama mucho la atención
las dificultades de algunos tramos,
pues parece imposible,
que los anden con los carros.

Llegamos al Rocío
con muchísima ilusión,
algunas se han comprado
pañuelos para la ocasión.

Estábamos dispuestos
recibir a los rocieros,
habían prometido tener
con nosotros un encuentro.

Y todos juntos celebrar
el santo sacramento
y cantar a la virgen la salve
todos juntos y contentos.

Todo esto no fue posible
porque ellos no acudieron,
por lo tanto, cada uno
lo vivió para sus adentros.

Aunque algunas explotaron
con gran algarabía,
entonaron la salve
cada una por bulería.

Se quedaron contentas
hicieron lo que sabían,
sólo al que escuchaba
las notas ofendían.

Nos quedamos por allí a comer
comimos muy bien, por cierto,
un gazpacho muy fresco
y algún que otro alimento.

Después de comer al auto,
quedaba mucho camino,
otro santuario esperaba
Fátima para recibirnos.

Como siempre llegamos tarde
ya de noche cerrada,

lo mismo que en otras partes,
corriendo a la manducada.

Al recibir las habitaciones
nosotras fuimos las últimas,
cuando ya las tuvimos
subimos como ánimas.

Mi compañera indispuesta
no podía respirar
se ahogaba por dentro ella,
sin aire pulmonar.

Tomó sus medicamentos
todos los que llevaba,
se tumbó en la cama
por ver si le pasaba.

Yo había quedado
con las dos hermanas vascas,
para ir corriendo todas,
muy pronto a la explanada.

Aunque estábamos cansadas,
sentíamos que nos llamaba,
para no fallar a la Virgen
la conciencia nos mandaba.

El primer encuentro con ella,
fue para darle gracias,
por todo lo vivido
estos días de abundancias.

Estuvimos un rato
pidiéndole con calma
cansadas y contentas
nos metimos en la cama.

Mi compañera seguía despierta,
estuvimos hablando un rato,
con sus medicamentos,
ella iba mejorando.

Aún tenía cogido el pecho
pedí a la Virgen sosiego,
que pudiese descansar,
y yo también así hacerlo.

Sí que hizo caso la Virgen,
pues se calló al momento,
y yo sin darme cuenta,
concilié al fin el sueño.

Sobre las seis me desperté
escuché el silencio,
le dí gracias a la Virgen
por tan poderoso portento.

Pues fue ella quien hizo
que estuviera en silencio,
por espacio de unas horas
para descansar al menos.

Le dije a la compañera
lo que había sucedido,
ella me dio las gracias
por habérselo pedido.

Comienza un día nuevo
contentos embarcamos,
al pueblo de los pastores
donde de niños jugaron.

Después de esperar un rato
como siempre con retraso,

llegamos por fin al sitio
donde estaban esperando.

El Obispo de Donostia
junto con sus feligreses,
en la Iglesia de Fátima
cantaban alegremente.

Nosotros al final llegamos
nos unimos a ellos,
cogimos los autobuses
para llegar hasta el pueblo.

Donde un día los pastores
jugaron y divirtieron,
aunque ya lo conocía
disfruté mucho de ello.

Hacía un día radiante
lleno de gente estaba,
al ver a todos alegres
se me hinchaba el alma.

Era un sentimiento lindo
el que dentro de mí sentía,
el ver tantas personas
que la Virgen allí traía.

Después de recorrerlo todo
y de hacer virguerías,
nos reunimos de nuevo
en plan de romería.

Como siempre cantando se iba
y rezando alguna letanía,
con este ambiente de fiesta
el chofer nos traía.

A comer al restaurante
el estómago decía,
ya es hora de la comida
hay que pasar el día.

Llegamos todos contentos
disfrutamos de la comida,
a las dos y media salíamos
cansados, con alegría.

La cita la teníamos
en el camino del calvario,
a las tres en punto rezábamos
el vía crucis y el rosario.

La Divina Misericordia
así lo ha mandado,
que a las tres en punto,
le sigamos recordando.

Porque es cuando entregó
su vida para salvarnos,
y librarnos de la muerte
para gozar con Él de su mano.

Fuimos casi todos,
algunos no podían,
no porque no quisieran
la salud se lo impedía.

A las tres en punto empezamos
como el Señor quería,
a pesar del mucho calor
lo hicimos con alegría.

Yo recordaba mucho
a mi querido marido,

cuando en ese mismo lugar
con otros amigos fuimos.

Traté de llevarlo bien
el Señor me ayudó a hacerlo,
pues pensando sólo en Él
disfrutaba del momento.

Una vez terminado el acto
y todos muy contentos,
cogimos el camino,
al santuario de regreso.

Teníamos que reunirnos
los de Donosti y el Obispo,
como siempre llegamos tarde,
la charla nos perdimos.

El Santísimo estaba expuesto,
cantaban con recogimiento,
cómo era lugar sagrado
teníamos que estar contentos.

Los sacerdotes esperaban
a que fuesen a su encuentro,
para encontrarse con Cristo
a través del Sacramento.

No lo pensé dos veces
aunque ya lo había hecho,
sentí necesidad
y volví para hacerlo.

Me sentía muy feliz
por haberme acercado,
a recibir el perdón
de todos mis pecados.

Esa es la gracia divina
que nuestro Dios nos da,
a los que se acercan a Él
con cariño y humildad.

De allí salimos contentos
nos dirigimos al altar,
donde esperaba la Madre
a todos por igual.

Pues todos somos sus hijos
y a todos nos quiere mucho,
por eso está contenta
de vernos allí unidos.

El sol se estaba metiendo
todo era espectáculo,
sus pálidos rayos alumbran
a todos ilusionados.

Comenzó la Eucaristía
todos con gran devoción,
escuchamos la homilía
que el Obispo impartió.

Al término de ésta,
se cantó una canción,
el Ave María en euskera
que me llenó de emoción.

Pues hacía mucho tiempo
que mis oídos no la oyeron,
por eso al oírla de nuevo,
se me izaba todo el bello.

Con alegría y recuerdos
mi corazón se alegró,

aunque ha pasado el tiempo.
enseguida recordó.

Después de la misa fuimos
al restaurante a cenar,
a las ocho y media queríamos
a la explanada regresar.

En esta ocasión libre era
tomar la decisión,
el que no pudiera o quisiera,
quedaba en la habitación.

Casi todos fuimos a ver
de nuevo a nuestra Señora,
queríamos estar con ella
en procesión con antorchas.

Las dos hermanas y yo
perdonamos el postre,
para llegar a tiempo y no
tarde como siempre.

Se nos unió Daniel
un chico muy devoto,
dijo que también venía
para disfrutarlo todo.

Aun así, había empezado
el rezo del santo rosario,
nos unimos a todos ellos
con devoción a rezarlo.

Enseguida empezamos todos
a procesionar con las velas,
en la oscuridad de la noche
dejando una gran estela.

Cada vez se hacía más grande
nosotros más ilusionados,
al ver a tantas almas
unidas y rezando.

La explanada estaba llena
iluminada por las velas,
entre ellas iba la Virgen
orgullosa como una reina.

Era la Reina del Cielo
también la de la tierra,
era la Reina de reinas,
la más hermosa y buena.

Al término de todo ello
con el alma encogida,
de la emoción tan grande
que la Virgen transmitía.

Regresamos al hotel
todos con gran alegría,
coronado con creces
aquel hermoso día.

Le di gracias a Dios
y a la Virgen María,
por lo que he sentido
todos estos días.

Desde que salí de casa
hasta este mismo día,
que de verdad ha sido
pura gracia y melodía.

De sentimientos muy buenos
y de mucha alegría,

y por supuesto también
de fe y buena armonía.

Al llegar a la habitación
a mi compañera decía,
qué bonito ha sido todo
lo vivido en este día.

Al día siguiente salimos
emocionados todavía,
despidiéndonos de Fátima
con paz y melancolía.

Teníamos otro encuentro
con ella todavía,
en otro santuario,
Guadalupe, se decía.

El camino se hizo largo
llegamos al medio día,
como había que comer
nos apresuraba la guía.

La comida estuvo bien
cada uno lo que quería,
y después de los postres
a la plaza se salía.

Yo me junté con las de siempre
para hacer el recorrido,
pues ya se veía el plumero
y era más de lo mismo.

Pues se tomaban las cosas
con mucha pasividad,
se perdía mucho tiempo
que podíamos aprovechar.

Solo vimos la Iglesia
la misa se suspendió,
por no llegar a tiempo
y por tiempo se dejó.

Subimos a lo alto del pueblo
para ver el horizonte,
así poder contemplar
el monasterio con sus torres.

Desde allí pudimos ver
el señorío que tiene, la
grandeza que le da al pueblo
y a todas sus gentes.

Después de saciar el ego
con tanta maravilla
volvimos al autobús
despacito y sin prisas.

Volvimos a subir a él
con dirección Salamanca,
pero pasando un poco antes
por Navalmoral de la Mata.

Desde allí llamé a mi hermana,
para decirle donde estaba,
y mandarle un saludo
desde el fondo de mi alma.

Pasamos por Plasencia
todo tierra conocida,
allí cogemos siempre
dirección a mi tierra querida.

Desde el autobús pude admirar
Sierra de Gata en lejanía,

embargándome la emoción
estas palabras decía.

"Mirad allá a lo lejos
esas montañas arriba,
allí en un valle lindo
hace años yo nacía".

Me sentí muy orgullosa
que pudieran descubrir,
aunque fuese de lejos
la tierra donde nací.

Llegamos a Salamanca
de noche por supuesto,
donde hicimos un alto
para celebrar el Sacramento.

Lo hicimos en una Iglesia
muy antigua, por cierto,
que la tienen siempre abierta
a peregrinos y pasajeros.

Al terminar la misa
las nueve y media eran,
nos montamos al autobús
para llegar a la cena.

Como ya era tarde
otra vez fuimos corriendo,
nos sentamos a la mesa
para degustar el sustento.

Nos sirvieron unas sopas
por cierto, buenas estaban,
al camarero le dije
¡rica sopa castellana!

Pero hubo una persona
que no le gustaron nada,
y con muy malos modales
pidió que las retiraran.

Exigiendo otra ración
que a ella le cuadrara,
el pobre camarero
callado se las quitaba.

Después se encaró conmigo
por algo que yo hablaba,
se puso como una fiera
con la cara desencajada.

Al ver el panorama
y cómo razonaba,
decidí echar el alto
y coger la retirada.

Con personas que son así
tan exigentes y autoritarias,
no vale la pena hablar
ni enfrentarse por nada.

Después de la cena fuimos
a recoger las maletas,
y a que nos dieran el cuarto
para descansar las piernas.

A todos les iban dando
su cuarto para dormir,
mi nombre no aparecía
por ninguna parte allí.

Mira el recepcionista
mira y vuelve a mirar

mi nombre no aparecía
en ningún lugar.

Llamamos a la guía
para pedir su opinión,
pues me darían aparte
a mí sola una habitación.

Por un momento me alegré
pues estaba deseando,
de poder descansar
de una vez en el cuarto.

La ilusión se fue enseguida
la guía dijo, ¡no puede ser!,
ella no ha pagado
que duerma con esta mujer.

Cogimos las maletas,
nos metimos en la cama,
después de pasar buen rato,
de tener buena charla.

Por fin dormía un poco
hasta la madrugada,
al levantarme noté
que las manos me temblaban.

Conocía bien los síntomas
me puse enseguida en guardia,
había que empezar la lucha
el combate comenzaba.

Empecé fuerte a respirar
para ver si mejoraba,
y tomando valerianas
por ver si se pasaba.

En estas condiciones
bajé a desayunar,
no quería hablar con nadie
me tenía que relajar.

El día se presentaba largo,
tenía que mejorar,
para llegar a la Alberca
y allí poder disfrutar.

Del paisaje maravilloso
que esta época nos da,
con colores amarillo y rojo
para a todos deslumbrar.

Salimos muy contentos
de nuevo a la carretera,
la meta que teníamos
era la Virgen de la Peña.

A mí esta etapa me hacía
especial ilusión,
pues es tierra conocida
pisada en otra ocasión.

Con mi marido querido
dos veces recorrí,
por supuesto este día
fue de mucho sentir.

Vimos el Santuario
fue verdadera gozada,
el subir y bajar las curvas
admirando las montañas.

El día era radiante
también los acompañantes,

la mañana que pasamos
fue alucinante.

Los temblores que tenía
se fueron alejando,
a lo largo del día
fueron superados.

Al volver de regreso
volvimos a Salamanca,
para coger el desvío
que a Palencia nos llevaba.

Llegamos con retraso
eran ya las cuatro,
el restaurante estaba
por supuesto esperando.

Como siempre veloces fuimos,
nos mandaron a un sótano,
para hacer las delicias
y honor al estómago.

El camarero al vernos
nos dijo complaciente,
pónganse en estas mesas,
para ustedes están presentes.

Yo me senté en una silla
donde veía de frente,
siempre buscando el sitio
y no molestar a las gentes.

Entra de pronto la guía
me dice con malas pulgas,
¡ven a sentarte aquí,
y sin protesta ninguna!

Yo le contesto que no
que el camarero había dicho,
que era para nosotros
y me gustaba aquel sitio.

Por no tener jaleo,
al verla tan enfadada,
nos cambiamos de sitio
aunque no nos gustaba.

Fueron llegando todos
las mesas se llenaron,
cómo no había suficiente
cogieron también el espacio.

De la mesa donde estuvimos
sentadas hacía un rato,
y con tanta rabia la guía
nos había hecho levantarnos.

Estábamos comiendo todos
cada uno lo que pedimos,
la guía se puso enfrente
y de pronto me dijo:

Perdóname Áurea,
por lo ocurrido antes,
yo le digo enseguida
¡no es importante!

¡Que no pasa nada!
Ella contesta: ¡sí que pasa,
y me siento muy mal
por perder la calma!

Después de la comida
fuimos a mirar,

la explanada y la plaza
donde está la Catedral.

Las puertas estaban cerradas,
nos teníamos que conformar,
volvíamos de regreso
de repente, abren ya.

Pedimos un minuto
para poderla visitar,
entramos enseguida
¡Oh, qué barbaridad!

Preciosa era toda ella
no la pudimos gozar,
enseguida nos dijeron
venga que nos vamos ya.

Con pena nos marchamos
camino del autobús,
no muy deprisa, por cierto,
y sí con mucha quietud.

Al llegar a donde estaba
se hizo el recuento,
entre los que allí quedaban
y los otros que se fueron.

Al final faltaban varios
alguien fue a su encuentro,
pero no los encontraba,
mientras, pasaba el tiempo.

Todos nerviosos estábamos,
unos más que otros,
la guía echaba pestes
ocultando así su enojo.

Por fin aparecieron,
la señora del andador
junto a su acompañante,
perdieron la orientación.

Por fin arrancamos todos
camino de San Sebastián,
por supuesto se hizo tarde
ya queríamos llegar.

Todo lo mejor posible
después de tanto danzar,
corriendo media España
y parte de Portugal.

Yo me vine hasta Irún,
donde mi hermana esperaba,
con impaciencia e ilusión
a que pronto arribara.

Al llegar les comenté
el viaje y su vaivén,
se reían a carcajadas,
con todo lo que conté.

Nos fuimos pronto acostar
yo estaba muy cansada,
por fin tenía silencio
al meterme en la cama.

La noche pasé del tirón
días sin dormir tanto,
pero aún me levanté,
con temblores en las manos.

Traté de tranquilizarme
ya no era para tanto,

estaría sólo ese día
para poder disfrutarlo.

Fuimos a Fuenterrabía
para admirar el Cantábrico,
y toda la bahía
con sus paisajes y sus barcos.

Visité entonces también
a mis queridos hermanos,
que, con mucha alegría,
estuvimos hablando.

Me despedí de ellos
tenían que ir al trabajo,
yo volví a casa
con mi hermana y mi cuñado.

A las cinco nos marchamos
juntos los tres a Donostia,
para recoger a su nieto
donde estaba esperando.

Fuimos muy tranquilos
estaba lloviznando,
como íbamos con tiempo
viajábamos despacio.

Mientras el niño merendaba
y con su abuelo se quedaba,
mi hermana y yo nos fuimos
a disfrutar de la arbolada.

Yo sabía que habría
un espectáculo bonito,
y no me equivoqué
cuando de pronto lo vimos.

Los árboles estaban todos
de un color otoñal,
junto al estanque que había
con patos, cisnes y pavo real.

Volvimos de regreso
a Irún a descansar,
pues al día siguiente
teníamos que madrugar.

Por fin retornaba de nuevo
a mi querido hogar,
esperando estaba Valencia
para poder reposar.

El viaje lo hice bien
tranquila y con vehemencia,
mirando y admirando todo
con ganas y a conciencia.

Pues ya venía dando
las gracias a nuestro Dios,
por todo lo vivido
en esta nueva ocasión.

A las cinco llegué a Valencia
un taxi me trajo a casa,
a las siete me marchaba
a la Iglesia a dar las gracias.

Con alegría me acogieron
aquellos que allí estaban,
yo por supuesto también
con ellos me alegraba.

Tanto es lo que Dios me da
que no tengo palabras,
y quiero vivir a tope
todo lo que me regala.

ÍNDICE